Rodrigo Kallas
Elson Teixeira

# Marketing
## do clássico ao digital

**OOH:** O CAMINHO DO SUCESSO

Editora Senac Rio – Rio de Janeiro – 2024

Marketing: do clássico ao digital © Rodrigo Kallas e Elson Teixeira, 2024.

Direitos desta edição reservados ao Serviço Nacional de Aprendizagem Comercial – Administração Regional do Rio de Janeiro.

Vedada, nos termos da lei, a reprodução total ou parcial deste livro.

**Senac RJ**

**Presidente do Conselho Regional**
Antonio Florencio de Queiroz Junior

**Diretor Regional**
Sergio Arthur Ribeiro da Silva

**Diretor de Operações Compartilhadas**
Pedro Paulo Vieira de Mello Teixeira

**Diretora Administrativo-financeira**
Jussara Alvares Duarte

**Assessor de Inovação e Produtos**
Claudio Tangari

**Editora Senac Rio**
Rua Pompeu Loureiro, 45/11º andar
Copacabana – Rio de Janeiro
CEP: 22061-000 – RJ
comercial.editora@rj.senac.br
editora@rj.senac.br
www.rj.senac.br/editora

**Gerente/Publisher:** Daniele Paraiso

**Coordenação editorial:** Cláudia Amorim

**Prospecção:** Manuela Soares

**Coordenação administrativa:** Alessandra Almeida

**Coordenação comercial:** Alexandre Martins

**Preparação de texto/copidesque/revisão de texto:** Andréa Regina Almeida

**Projeto gráfico de capa e miolo:** Julio Lapenne

**Diagramação:** Julio Lapenne e Roberta Silva

**Impressão:** Imos Gráfica e Editora Ltda.

**1ª edição:** junho de 2024

---

**CIP-BRASIL. CATALOGAÇÃO NA PUBLICAÇÃO**
**SINDICATO NACIONAL DOS EDITORES DE LIVROS, RJ**

T265m

    Teixeira, Elson
    Marketing : do clássico ao digital / Elson Teixeira, Rodrigo Kallas. - 1. ed. - Rio de Janeiro : Ed. SENAC Rio, 2024.
    272 p. ; 21 cm.

    ISBN 978-85-7756-504-7

    1. Marketing. 2. Marketing na internet. 3. Comunicações digitais. I. Kallas, Rodrigo. II. Título.

24-92463          CDD: 658.8
                CDU: 658.8:004.738

Meri Gleice Rodrigues de Souza - Bibliotecária - CRB-7/6439

# SUMÁRIO

AGRADECIMENTOS ......................................................... 11

INTRODUÇÃO .............................................................. 15

MARKETING... O QUE É MESMO? .................................... 19

   CLIENTE ................................................................ 22

HISTÓRIA DA KALLAS ................................................... 25

MARKETING NO MUNDO SEGUNDO KOTLER ................. 31

   GUTENBERG E A ORIGEM DO MARKETING ................... 35

   MARKETING NOS ANOS 1950 ...................................... 37

   MARKETING NOS ANOS 1960 ...................................... 39

   MARKETING NOS ANOS 1970 ...................................... 43

   MARKETING NOS ANOS 1980 ...................................... 44

      *RIO DE JANEIRO X SÃO PAULO* ........................... 44

      *MARLBORO MAN* ............................................... 47

      *OUSADIA, MARCA REGISTRADA DA KALLAS* ........ 49

   MARKETING NA ERA DIGITAL ....................................... 50

      *A MASTERCARD* ................................................ 50

      *TAMANHO É DOCUMENTO, SIM! PROJETO KAISER* ... 52

   MARKETING NOS ANOS 2000 ...................................... 54

   MARKETING NOS ANOS 2010 ...................................... 55

   PARA ONDE CAMINHARÁ O MARKETING? ..................... 63

COMUNICAÇÃO INTEGRADA DE MARKETING ................. 65

O FANTÁSTICO CASE DA LOCALIZA .............................. 71

   ENTREVISTA COM HERBERT VIANA ANDRADE .............. 73

# 6 MARKETING: DO CLÁSSICO AO DIGITAL | OOH: O CAMINHO DO SUCESSO

MAIS UMA INOVAÇÃO DA KALLAS:
A CHEGADA DO BACKLIGHT AO BRASIL ............................ 79

**OUT OF HOME (OOH)** ........................... 81

A HISTÓRIA DO OOH ................................................ 84

A HISTÓRIA DO OOH NO BRASIL ............................. 86

PRINCIPAIS CARACTERÍSTICAS DA MÍDIA OOH ............... 90

INTEGRAÇÃO OUT & ON ........................................ 101

NORMAS, LEIS E REGULAMENTAÇÕES OOH ................ 101

PRINCIPAIS CLIENTES DO MERCADO OOH .................. 102

PLANEJAMENTO DE MÍDIA ....................................... 103

MOBILIÁRIO URBANO ............................................ 104

**O SENSACIONAL CASE DA CAOA** ............................. 107

ENTREVISTA COM MARCELO BRAGA ......................... 109

**PENSAMENTO CRIATIVO:**
**ESSENCIAL PARA O MARKETING** .............................. 115

NOVO PERFIL DO PROFISSIONAL DE MARKETING ............... 118

CURIOSIDADE: ARMA CERTEIRA
PARA O MARKETING .............................................. 119

BOM HUMOR ....................................................... 122

OS QUATRO TIPOS DE RACIOCÍNIO .......................... 123

ENTREVISTA COM MARCO ANTONIO ....................... 124

LEMA DA KALLAS:
MISSÃO DADA, MISSÃO CUMPRIDA ........................... 126

VER O QUE NINGUÉM MAIS VIU ............................... 127

SEM ESTRATÉGIA NÃO HÁ MARKETING ...................... 128

**O CASE ESPETACULAR DA UOL** ............................... 131

ENTREVISTA COM RICARDO DUTRA .......................... 133

CONQUISTAR COM INOVAÇÃO E CRIATIVIDADE:
A VISÃO DE SUZANA RIBEIRO ................................... 136

A REJEIÇÃO NATURAL AO DESCONHECIDO ................. 138

MUDANDO O DIRECIONAMENTO ............................. 138

# SUMÁRIO

**PODEMOS DEFINIR MARKETING COMO ESTRATÉGIA?** ........... 141

ARMAZENANDO CONCEITOS DE
OUTRAS ESTRATÉGIAS ................................................ 144

CREDIBILIDADE DA FONTE ........................................ 146

ENTREVISTA COM MAURO CHEMALE ............................ 148

REAL E IMAGINÁRIO:
PERCEPÇÕES FUNDAMENTAIS ....................................... 149

"CONSTRUÇÃO" DE ARGUMENTOS .................................. 152

**PROPAGANDA: A ARTE DE "PRODUZIR" PENSAMENTOS** ........ 159

MARKETING E SOCIEDADE ........................................... 161

NOSSOS PENSAMENTOS NÃO SÃO NOSSOS;
O MÁXIMO QUE PODEMOS FAZER É
REORGANIZÁ-LOS A NOSSO JEITO ..................................... 162

MODALIDADES DE MARKETING ...................................... 164

MARKETING OFFLINE .............................................. 165

MARKETING E MÍDIAS SOCIAIS ..................................... 166

MARKETING DIGITAL .............................................. 168

OUTBOUND MARKETING ........................................... 170

INBOUND MARKETING ............................................. 172

MARKETING DE CONTEÚDO ........................................ 174

MARKETING DE PERFORMANCE ..................................... 174

EMAIL MARKETING ................................................ 176

MARKETING DE REDES SOCIAIS .................................... 178

MARKETING DE BUSCA (SEM) ...................................... 179

MOBILE MARKETING .............................................. 181

VIDEOMARKETING ................................................ 182

GEOMARKETING .................................................. 184

REMARKETING ................................................... 186

COMARKETING ................................................... 187

CROSS MARKETING ............................................... 188

MARKETING DIRETO .............................................. 189

MARKETING INDIRETO ........................................................ 190

MARKETING OPERACIONAL ............................................... 192

MARKETING REATIVO ...................................................... 194

MARKETING PROATIVO ..................................................... 195

MARKETING MULTINÍVEL................................................... 197

MARKETING DE AFILIADOS................................................. 198

MARKETING DE UTILIDADE ............................................... 199

MARKETING DE RELACIONAMENTO ................................... 201

ENTREVISTA COM ANDREA MONTEIRO DE BARROS ............. 203

OOH E O DESAFIO DE FALAR
PARA QUEM TEM PRESSA................................................... 203

**VALOR EMOCIONAL AGREGADO (VEA)** ............................... 207

EXPLORANDO AS EMOÇÕES ............................................... 209

COMO E POR QUE O
MARKETING EMOCIONAL FUNCIONA................................... 211

FORJAR HÁBITOS: O GRANDE SEGREDO .............................. 211

COMO AS EMOÇÕES AFETAM AS MARCAS........................... 214

EXEMPLOS E ESTRATÉGIAS DE VEA..................................... 218

**FIDELIZAÇÃO** ................................................................... 223

A REAL IMPORTÂNCIA DA FIDELIZAÇÃO............................. 225

ESTRATÉGIAS PARA FIDELIZAÇÃO DE CLIENTES................... 29

SAMSUNG: UMA HISTÓRIA DE FIDELIZAÇÃO .................... 231

**O SURPREENDENTE CASE DO EXPERIENCE CLUB**.................... 233

ENTREVISTA COM RICARDO NATALE................................... 235

**INSPIRANDO LEALDADE E CONFIANÇA** ................................... 237

LANÇAMENTO E SUPORTE AO
RELACIONAMENTO DE
LONGO PRAZO COM CLIENTES .......................................... 239

RESPONSABILIDADE SOCIAL:
DE MÃOS DADAS COM A POLÍTICA. ................................... 240

ATÉ QUE A POLÍTICA NOS SEPARE ..................................... 241

## A IMPORTÂNCIA DA COMUNICAÇÃO COMO FERRAMENTA DE MARKETING NAS EMPRESAS ...... 243

A EMPRESA E SEU REFLEXO NO
MARKETING QUE PRATICA ...... 246

O COMPORTAMENTO DA EMPRESA
É VISTO PELO MERCADO ...... 246

*TRANSIÇÃO DE SUCESSO
EM UMA EMPRESA FAMILIAR.* ...... 248

ENTREVISTA COM SUZANA RIBEIRO ...... 252

## MARKETING DIGITAL ...... 253

MARKETING DIGITAL TRAZ BONS RESULTADOS? ...... 257

O QUE É CONTEÚDO DIGITAL? ...... 260

IMPULSIONE AS VENDAS COM PRODUTOS DIGITAIS ...... 260

MARKETING DE INFLUÊNCIA: GERANDO VENDAS
COM INFLUENCIADORES DIGITAIS ...... 261

MARKETING DE INFLUÊNCIA
É RECOMENDADO PARA MINHA EMPRESA? ...... 262

COMO MEDIR O RETORNO DO
MARKETING DE INFLUÊNCIA? ...... 264

## CONSIDERAÇÕES FINAIS ...... 267

## REFERÊNCIAS ...... 269

# AGRADECIMENTOS

Os agradecimentos de um livro também são um tipo de dedicatória. Assim, agradeço inicialmente a meus milhares de alunos, aos quais tenho a oportunidade de ensinar e com os quais aprendo a cada turma de MBA.

A meus clientes, a confiança de contratar meus serviços de assessoria e consultoria em todo o Brasil.

A meus amigos de trabalho, em especial um grupo seleto de professores e coordenadores acadêmicos da Fundação Getulio Vargas com quem viajo, converso e compreendo o mundo, compartilhando saberes com verdadeiros especialistas, mestres e doutores, mas acima de tudo amigos.

A meus leitores – alguns me acompanham desde meu primeiro livro, escrito em 1993, e de lá para cá foram 16 obras publicadas. Agradeço também a meus seguidores do LinkedIn, que por meio de críticas, elogios e engajamentos me motivam a criar cada vez mais conteúdo.

Acima de tudo, a minha querida família: meu filho Victor, que também escolheu trabalhar com marketing e publicidade, tornou-se um profissional responsável, dedicado e, principalmente, talentoso; minha filha Luiza, que na sensatez típica dos advogados me mostra o quanto a vida precisa ser aproveitada; minha esposa, Andréa, que está comigo firme e forte há décadas na estrada da vida, me dando força, incentivo e transmitindo carinho e apoio; e, especialmente, meu netinho, Vicente, com quem aprendo, me divirto, me emociono e não paro de querer brincar. Amo todos vocês!

Que este livro sirva de inspiração para quem já está ou pretende seguir os caminhos do deslumbrante mundo do marketing.

*Elson Teixeira*

Este é meu primeiro livro, diferentemente de meu colega Elson Teixeira. Assim, antes de dedicar, tenho muito a agradecer. Não poderia deixar de dar luz a todas as peças importantes dessa história, que me proporcionaram estes sentimentos maravilhosos: um misto de alegria, felicidade e missão cumprida.

Começo agradecendo a meus sócios, aos quais hoje posso chamar de amigos, por terem acreditado, há mais de vinte anos, nas maluquices de um jovem sonhador cheio de vontade de realizar algo, mas sem nenhuma perspectiva do quê. Porque, na verdade, naquela época era só o que eu era: um jovem. Obrigado do fundo do coração. Com vocês dividi as batalhas mais difíceis, as disputas mais violentas, as vitórias mais saborosas e muitas derrotas bem doloridas. Tudo resultou em um grande e poderoso aprendizado que me tornou quem eu sou hoje.

À minha atual equipe de comando, que me entende, divide os desafios e não poupa esforços para trilhar os caminhos e orientar todo o nosso maravilhoso time.

## AGRADECIMENTOS

Ao meu time comercial, que sempre foi o motor de tudo e juntos vencemos todos os desafios. O que seria de mim sem esse "bando de tratorzinhos loucos", que ultrapassam fronteiras e abrem caminhos? Não tenho dúvidas de que tenho o prazer de capitanear o melhor time comercial do Brasil.

À Eny, responsável pela "passagem" da empresa para mim e quem depois muito me aconselhou. Foram tardes e tardes batendo papo, momentos em que pude aproveitar toda sua experiência.

À minha irmã, Ligia Kallas, que recentemente confiou em mim, aceitou o desafio de trabalhar conosco e hoje faz um trabalho brilhante à frente do departamento de marketing da Kallas. Mais que isso: sua importante participação na revisão e finalização deste livro. Obrigado, irmãzinha!

À minha mãe, Sonia, a educação que me deu, a integridade de todos os seus atos e estar sempre a meu lado, mostrando-me equilíbrio e o melhor caminho. Mãe, não há ninguém melhor que você nisso.

Ao meu irmão, Conrado Moreira Kallas, que nessa jornada tornou-se meu fiel escudeiro, meu protetor, meu confidente e meu maior parceiro no trabalho e na vida. Irmão, você é tudo para mim e somos nós dois, juntos, para sempre.

E, por último e mais importante, ao mestre dos magos! Meu professor e minha fonte de inteligência. Com ele aprendi garra, a não desistir jamais. Aprendi que a criatividade desequilibra o jogo e a perspicácia decide a nosso favor. Obrigado, Senhor Meu Pai; sem Luiz Roberto Kallas nada disso existiria ou teria sido possível, até porque foi você quem começou e acreditou em tudo, inclusive naquele garoto de 26 anos.

A nossos clientes: sem vocês nada disso teria sido possível. Obrigado pela confiança em nossos serviços de mídia por todo o Brasil.

Um agradecimento especial a dois deles: Ricardo Dutra, com a PagSeguro, e Herbert Viana, na época com a Localiza. Vocês viram em nós qualidade e potencial antes de todos os outros. Obrigado por acreditarem.

Dedico este livro às minhas filhas maravilhosas que amo muito, Isabela e Catarina Andrade Kallas. Não imaginam a minha alegria quando Bela, minha mais velha, me pediu, há poucos dias, livros de presente de aniversário. Ver minhas filhas trilhando um caminho de conhecimento e sabedoria me abrilhanta os olhos. Filhas, espero que um dia possam ler este livro e saber mais sobre a história e o trabalho do papai.

Dedico também a meus futuros leitores deste novo canal: de verdade, espero que gostem. Saibam que foram vocês, leitores, profissionais e entusiastas de publicidade e marketing que, de tanto comentarem meus posts em redes sociais, colunas e matérias, me incentivaram a escrever este livro.

Desejo que esta obra se torne mais que um exemplar de leitura; que sirva como guia, fácil de usar e consultar, já que a mídia OOH até então não tinha nenhum material didático específico, produzido ou compilado.

Que este livro sirva de inspiração para todos que estão passando por alguma dificuldade ou adversidade, ou que ainda passarão... Nesse momento, lembre-se da frase de Babe Ruth, jogador de beisebol norte-americano: "É impossível vencer alguém que nunca desiste."

*Rodrigo Moreira Kallas*

# INTRODUÇÃO

Ao descrever o marketing, em 1967, como um processo social e gerencial, Kotler jamais poderia prever que a tecnologia acrescentaria a essa estratégia uma essência indispensável e onipresente, tornando-a ainda mais refinada e necessária para a satisfação dos desejos e das necessidades de indivíduos e grupos. Isso porque, em qualquer lugar que o cliente estiver, certamente o marketing o alcançará. A importância e o espaço que o marketing vem alcançando são muito amplos, e sua presença é necessária tanto para o sucesso quanto para a longevidade de qualquer empresa.

A inteligência competitiva de uma empresa vai ditar onde se pretende chegar e cabe ao marketing propor "como" chegar. A análise estratégica, os pontos fortes e fracos, as ameaças e oportunidades serão analisadas de maneira a indicar o melhor caminho para o lançamento de um produto ou serviço, para alavancar a marca, posicionar e agregar valor.

Se no início o marketing era considerado uma ferramenta de vendas, hoje reconhece-se que ele vai muito além dessa atividade e é imprescindível para que a empresa seja vista e almejada pelo cliente.

Dentro das atividades do marketing, uma das mais importantes é a comunicação integrada de marketing (CIM), uma vez que esta será responsável pela interação entre o cliente e o que foi proposto no planejamento, de modo que o cliente entre em contato com o que se pretende elucidar à sociedade. A comunicação integrada de marketing vem evoluindo de maneira surpreendente e, com a tecnologia e a velocidade das transformações, não se pode mais prever onde chegará.

A busca por integrar elementos comunicativos ao mercado e, ao mesmo tempo, atender a necessidades específicas demanda um cuidado refinado no momento de escolher a forma, o lugar, a condição e o conteúdo mais eficientes para alcançar os objetivos, obedecer aos limites impostos pelo planejamento estratégico das empresas e respeitar as circunstâncias histórico-sociais da sociedade que receberá a mensagem.

O Brasil é um país de múltiplas possibilidades, cuja população não apresenta perfil único. Cada região tem características próprias e cada cidade suas especificidades. Assim, para a comunicação de marketing ser eficiente, é primordial criatividade, sensibilidade e muita visão.

Entre vários assuntos relevantes para o marketing, este livro tem como cenário a Kallas Mídia OOH, empresa brasileira cujo sucesso foi trilhado por meio de histórias interessantes, cheias de exemplos e estratégias surpreendentes, nas quais o negócio é a comunicação integrada de marketing, mais especificamente mídia out of home (OOH). Com o uso de casos repletos de exemplos e de estratégias de sucesso inspiradoras, o marketing será apresentado a você, leitor, que se identificará, se emocionará e se inspirará.

# MARKETING...
## O QUE É MESMO?

**MARKETING** no *Novo Dicionário Aurélio da Língua Portuguesa* é o "Conjunto de estratégias e ações que proveem o desenvolvimento, o lançamento e a sustentação de um produto ou serviço no mercado consumidor". E, por extensão: "Conjunto de estratégias e ações que visam a aumentar a aceitação e fortalecer a imagem de pessoa, ideia, empresa, produto, serviço etc., pelo público em geral, ou por determinado segmento desse público."

Se analisarmos o núcleo da definição do verbete, podemos afirmar com mais precisão que marketing é um conjunto de estratégias ou, ainda, marketing é estratégia. Antes de falarmos em estratégias, é importante deixar claro o verdadeiro alvo das ações, sem o qual nenhum plano, nenhuma meta, nada se justificaria: a razão de tudo isso é o *cliente*! O cliente é a razão de qualquer empresa, é a variável que dá sentido a todas as outras. Sem clientes, não existe administração de marketing nem estratégias. Sem clientes, a empresa não sobrevive.

Raimar Richers (1986) descreve o marketing como o conjunto de atividades sistemáticas de uma organização voltado para a busca e a realização de trocas com seu meio ambiente, visando benefícios específicos. É importante observar que esse conceito extrapola a atividade de vendas. Nesse caso, em toda e qualquer atividade de um indivíduo em seu meio ambiente tem a ação do marketing. E isso faz todo sentido: vivemos em um mundo receptivo a informações diversas e, por meio delas, construímos nossos conceitos acerca de determinado tema. Conduzir esse conceito para uma impressão positiva é o papel do marketing.

## CLIENTE

Se vertêssemos a palavra "marketing" para o nosso idioma, teríamos como tradução direta "mercado". Nas empresas, essa palavra resume-se ao próprio negócio, ou seja, é o motivo da própria existência. Podemos aumentar o termo para "mercado amplo", que é composto de três tópicos: clientes reais; potenciais (prospects); e clientes inativos, clientes que atendíamos e, por alguma razão, não mais fornecemos.

Costumamos dizer que os clientes inativos sofreram ruptura no atendimento. Essa ruptura pode ter origem na empresa ou no cliente, que passou a comprar ou contratar o concorrente. Não é importante, no momento, identificar a origem da ruptura, mas, sim, fazer uma campanha para resgatar os inativos se percebermos que eles fazem falta no faturamento da empresa.

Como já sabemos o que compõe o mercado amplo, vamos voltar nossa atenção ao cliente real. Como o nome sugere, trata-se do conjunto de pessoas físicas ou jurídicas que compram o que produzimos ou contratam nossos serviços e formam nossa *carteira* de clientes. Podemos dizer que ele é o ativo principal e é dele que vem a sustentabilidade financeira da empresa.

Para ampliar um pouco mais a visão sobre carteira de clientes, chegamos às categorias: a carteira *aberta* é a que possibilita a qualquer pessoa adquirir o que a empresa disponibiliza. Na carteira *fechada*, para haver venda ou contratação é necessário acordo prévio: contrato, cadastro etc.; e na carteira *mista*, a empresa é fornecedora de quem tem acordo prévio, mas não abre mão de atender clientes que desejam comprar sem entendimento anterior.

Voltemos no tempo para compreender a origem do tema. O ano era 1954, quando a Fundação Getulio Vargas (FGV), em São Paulo, por meio da Escola de Administração, lança o termo "marketing", inicialmente denominado "mercadologia". Com o uso, o termo foi introduzido na língua portuguesa no final da década de 1980, transformando completamente o cenário empresarial. Nos primeiros anos, a palavra "marketing" era suficiente para definir as estratégias comerciais e o posicionamento empresarial. Com o passar do tempo, porém, surgiram novos produtos, multiplicaram-se os critérios de mercado e nasceram novos conceitos, desvendando um universo de possibilidades. O tempo é implacável, mas também serve como força motriz para melhoria e evolução constantes do marketing.

Vimos o surgimento de vários tipos de marketing: cultural, digital, direto, ecológico, interno, político, social, verde, institucional, entre outros. São as inúmeras ações empresariais batizadas de "marketing" e seus respectivos aditivos literários. Isso ocorre porque hoje há uma necessidade clara de especialização, não do marketing em si, mas do profissional em questão.

# HISTÓRIA DA
# KALLAS

A Kallas é uma empresa de mídia cujo propósito é aproximar marcas e consumidores por meio do dia a dia. Hoje, ela é a empresa que mais entende de cobertura multirregional em mídia out of home.

Pode-se afirmar que a Kallas foi literalmente criada, uma vez que na época não se anunciava em aeroportos no Brasil, tampouco se conhecia o que seria mobiliário urbano. Em 1978, ainda que já se conhecesse mobiliário urbano na Europa, os "olhos" do marketing brasileiro estavam voltados para eventos que refletiam o momento político da época. Os eventos eram transmitidos ao vivo pela TV, cujas imagens haviam passado a ser coloridas pouco tempo atrás. Com atitude ousada e criativa, Luiz Roberto Kallas, seu fundador, viu possibilidades de marketing onde a prática não existia e a iniciativa hoje integra o que conhecemos por mídia out of home (OOH).

Luiz Roberto Kallas desempenhava a função de gerente de planejamento na Vale do Rio Doce, cujo diretor direto era Átila Godoy. Na ocasião, o presidente da Vale, Eliezer Batista, os convidou para auxiliar um amigo no planejamento de empresas. Tratava-se de Flávio Pentagna Guimarães, do Banco BMG. Em razão da complexidade dessas empresas, o trabalho se estendeu e, nesse meio-tempo, teve início a licitação para a Duty Free Shop, no aeroporto internacional Galeão, hoje denominado aeroporto internacional Tom Jobim, no Rio de Janeiro. Era uma atividade que eles não sabiam desempenhar, mas resolveram participar com um projeto e ganharam a licitação.

O grupo Brasif passou, então, a explorar a Duty Free Shop, cuja gestão era cara, por isso divulgar a marca era necessário. O passageiro precisava conhecer o espaço de compras e o melhor lugar para divulgar era os aeroportos, porque o público potencial estava lá. Não havia nada com esse fim nas instalações dos aeroportos e tudo, absolutamente tudo, devia ser criado. Foi então que Átila Godoy conseguiu uma audiência com o então ministro da aeronáutica, Délio Jardim de Mattos, para viabilizar o uso das instalações dos aeroportos para divulgação. O ministro disponibilizou a área internacional dos aeroportos Galeão, Congonhas e as áreas de acesso, desde que a parte doméstica ficasse sob a responsabilidade de seu amigo Victor. Duas empresas passaram, então, a administrar os espaços: a publicidade interna da área internacional seria feita pela Conemp e a da nacional, pela Codemp. A primeira é o marco inicial da Kallas, a segunda seria incorporada mais tarde.

A partir de então, a Duty Free Shop tinha onde fazer sua divulgação. Depois de um tempo, uma vez estabilizada, a Free Shop perdeu o interesse nesse tipo de propaganda e foi necessário buscar clientes para ocupar os espaços. Inicialmente, doaram à Golden Cross Assistência Médica um painel. Trinta dias depois, a Golden Cross comprou mais três diante do resultado efetivo dessa iniciativa de marketing.

Com um caso de sucesso em mãos, Luiz Roberto Kallas buscou contato com outros clientes muito importantes para a história da empresa: R. J. Reynolds Tobacco Company, atualmente a segunda maior fabricante de cigarros dos Estados Unidos e proprietária das marcas Camel, Winston e Salem; Philip Morris, dona da Marlboro; e British American Tobacco (BAT), acionista majoritária da Souza Cruz. Vale ressaltar que, em 2017, a BAT comprou por US$ 50 bilhões a Reynolds American.

A R. J. Reynolds, que já atuava com mídia aeroportuária, queria iniciar a prática no Brasil com painéis por todo o país. Em uma reunião para assinatura de contrato em Winston-Salem, cidade americana localizada na Carolina do Norte, surgiu a segunda empresa do Grupo Kallas, a Aka, primeiro grande desafio do grupo.

No caso da Philip Morris, o CEO da empresa convidou um comitê oficial para conhecer as fábricas nos Estados Unidos. Luiz Roberto Kallas integrou a comitiva e, na ocasião, recebeu a proposta de assumir também a área doméstica dos aeroportos Galeão e Congonhas.

A empresa Kallas, hoje em dia, atua em todo o território nacional, com sede em Barueri. Tem expertise na elaboração de projetos cross mídia por meio das três principais vertentes de mídia OOH: transporte, aeroportuário, mobiliário urbano e painéis de grandes formatos.

A história da Kallas é repleta de curiosidades, experiências vividas e problemas resolvidos com criatividade, estratégia e trabalho de qualidade. Se hoje ela é conhecida como a empresa mais eficiente e a que mais entende de cobertura multirregional no país, isso se deve ao empreendedorismo e à inteligência de marketing de Luiz Roberto Kallas e equipe. Suas campanhas visam prioritariamente aproximar marcas e consumidores pela incorporação de suas mídias ao dia a dia dos brasileiros. Essa história você, leitor, conhecerá em pílulas que ilustrarão os conteúdos de marketing abordados neste livro.

# MARKETING NO MUNDO SEGUNDO KOTLER

**PHILIP KOTLER** é um professor universitário estadunidense. Para os profissionais de marketing, 2005 foi um ano icônico, pois ele foi eleito um dos quatro maiores gurus de negócios do mundo pelo *Financial Times*, figurando ao lado de nomes como Jack Welch, Bill Gates e Peter Drucker. Seu excepcional conhecimento em marketing também lhe outorgou o prestigiado título de "grande mestre do marketing" pela Management Centre Europe. Tudo isso destacou a importância do tema e as empresas passaram a valorizar ainda mais a área. O marketing elevado a estratégia fundamental para o sucesso. Em 1967, em coautoria com Kevin Lane Keller, Philip Kotler lançou o livro *Administração de marketing*, no qual introduziu conceitos fundamentais, como segmentação de mercado, estudo de comportamento do consumidor e posicionamento das marcas. Nesse cenário, surgiram as figuras dos intermediários – varejistas e atacadistas.

A história do marketing é muito mais antiga do que se imagina. Aspectos do que hoje denominamos marketing já foram apresentados em práticas comerciais e sociais. Os comerciantes da Antiguidade utilizaram técnicas de exibição de mercadorias, design de lojas, escolha de localização estratégica para maximizar o fluxo de clientes, bem como a transação para atrair e manter clientes.

Melhorar a apresentação de produtos a fim de torná-los mais atraentes para os consumidores ou divulgar mensagens que despertam o desejo por algo são exemplos claros da existência de atividades de marketing antes de o termo ser cunhado. Esses processos mostram o entendimento de que, para negociações comerciais bem-sucedidas, é importante não apenas disponibilizar um produto ou serviço mas também garantir que o potencial comprador esteja ciente, interessado e atualizado sobre a necessidade de ter ou deseje o que está sendo oferecido.

Na Roma e na Grécia antigas, mensagens políticas e propagandas de jogos olímpicos ou gladiadores eram exemplos de promoção e captação de interesse, preenchendo o que hoje consideramos um aspecto do marketing: a comunicação. As feiras medievais e as práticas dos mercadores ao longo das rotas de comércio da seda incorporaram também várias práticas de marketing, como a negociação e a relação com o cliente, enfatizando a importância de construir e manter um bom relacionamento comercial, vital para estratégias de marketing de relacionamento atuais.

É claro que o marketing moderno, com técnicas avançadas de análise de dados, segmentação de público, marketing digital, branding, publicidade e outras estratégias, é muito mais sofisticado que as modalidades anteriores. As revoluções industriais forneceram a infraestrutura e a tecnologia para a produção em massa e a distribuição em larga escala, o que pavimentou o caminho para o desenvolvimento do marketing como disciplina e profissão específica.

Ao entrarmos em um mundo cada vez mais dominado pelo digital, pelo big data e pela inteligência artificial, o marketing está se tornando cada vez mais complexo e permeado de interações tecnológicas. Com essas ferramentas, as empresas são capazes de personalizar a comunicação e apresentar um número inimaginável de produtos e serviços em um tempo cada vez mais reduzido, mudando a maneira de avaliar a necessidade de compras ou contratações. Estamos na era dos descartáveis, o ciclo de vida dos bens a cada dia fica menor.

## GUTENBERG E A ORIGEM DO MARKETING

Invenção atribuída a Gutenberg, a imprensa revolucionou a comunicação humana ou mais que isso: a história da humanidade, já que, pela primeira vez, foi possível produzir textos em massa e distribuí-los a mais pessoas. Antes disso, todos os textos tinham de ser manuscritos. Vale a pena ressaltar que, antes da prensa, saber ler era um privilégio de poucos. Como a circulação de livros era muito limitada, a maioria das pessoas não tinha contato com a linguagem escrita. Essa limitação também afetava a educação e o acesso à informação. Desse modo, a prensa afetou profundamente a sociedade, com papel relevante na Renascença e na Revolução Científica, e possibilitou a criação de bases para a disseminação em massa do conhecimento.

As guerras, sobretudo a Primeira e a Segunda Guerras Mundiais, impactaram significativamente o desenvolvimento do marketing. Vários motivos nos fazem compreender esse fato. Primeiro, com a evolução tecnológica e industrial decorrente do esforço de guerra, a invenção e a adoção de novas tecnologias foram mais tarde aproveitadas para fins comerciais. Por exemplo, o rádio, inicialmente projetado para uso militar, encontrou caminho para o mercado civil e tornou-se um essencial veículo de marketing.

Além disso, no pós-guerra, o aumento da capacidade produtiva, já desenvolvida e ampliada durante os esforços de guerra, levou a uma oferta de produtos maior que a demanda. Isso forçou as empresas a encontrarem novas maneiras de persuadir os consumidores a escolher os produtos em um mercado cada vez mais saturado. A resposta foi o desenvolvimento de técnicas sofisticadas de marketing e publicidade.

No Brasil, o avanço do marketing e da publicidade também foi influenciado pelo contexto econômico e político do país. Sob a presidência de Juscelino Kubitschek, com um ambicioso programa de modernização e industrialização conhecido por Plano de Metas, o Brasil testemunhou um rápido crescimento econômico e o aumento da urbanização. O lançamento da televisão em 1950 abriu novas oportunidades para a publicidade e promoveu mudanças no comportamento do consumidor brasileiro. As empresas começaram a adotar estratégias de marketing mais sofisticadas para alcançar um público maior e mais diversificado.

Esse cenário evidencia como o contexto social, político e tecnológico influencia o desenvolvimento do marketing. As guerras, apesar de destrutivas, promoveram um cenário de mudança e inovação que transferiu sua influência para a esfera civil. Em períodos pós-conflitos, o marketing desempenhou um papel crucial na assistência, na inovação e no crescimento econômico, adaptando-se às novas realidades e contribuindo para a formação da cultura de consumo conhecida hoje. Ao entender esse passado, fica evidente a importância de as empresas ampliarem a visão para além das vendas e adotarem estratégias que contribuam para o reconhecimento das necessidades e dos valores dos consumidores, buscando a sustentabilidade e a inovação para se manterem relevantes em um mercado em constante evolução.

## MARKETING NOS ANOS 1950

Os anos 1950 foram marcados pelo processo de industrialização e por grandes avanços tecnológicos, o que influenciou significativamente as estratégias de marketing da época. O surgimento da televisão como meio de comunicação de massa foi um dos principais fatores que mudaram o modo como as marcas se comunicavam com os consumidores. Com o grande alcance da televisão, esta rapidamente tornou-se um dos veículos mais eficazes para a publicidade. Isso fez com que as campanhas atingissem um público muito mais amplo que os veículos tradicionais da época, como o rádio e a imprensa escrita.

O contexto econômico do pós-guerra também desempenhou um papel crucial, principalmente nos Estados Unidos, onde houve um crescimento substancial do poder aquisitivo das famílias, expandindo o mercado consumidor. As empresas aproveitaram essa conjuntura favorável para adotar técnicas de venda mais sofisticadas. Entre essas técnicas, estava promover a obsolescência programada, em que os produtos eram adaptados para se tornarem desatualizados ou inúteis após um tempo, incentivando assim uma nova compra.

O marketing dos anos 1950 também se caracterizava por mensagens que apelavam para o emocional do consumidor, e não apenas para os recursos do produto. A publicidade começou a construir narrativas que "vendiam" um estilo de vida ou uma imagem ideal, não só itens. Essa estratégia foi estimulada pelo crescimento e pela influência da cultura de celebridades, com o uso de astros de cinema e outras personalidades públicas para promover produtos, conferindo-lhes status simbólico.

## MARKETING NOS ANOS 1960

Na década de 1960, o cenário econômico e social passou por uma série de mudanças, impulsionadas em grande parte pelo pós-guerra e pelo crescimento da classe média, principalmente nos Estados Unidos. Houve um aumento nas expectativas e demandas dos consumidores, assim como uma expansão significativa dos meios de comunicação e da publicidade. O desenvolvimento tecnológico proporcionou a criação de novos produtos e serviços, o que tornou complexo o processo de tomada de decisão dos consumidores.

Diante dessas mudanças, as empresas perceberam a importância de estratégias de marketing com mais foco e diferenciadas. A mentalidade de produção e vendas dominante nas primeiras décadas do século XX começou a ser renovada por uma orientação para o mercado e o consumidor. As empresas passaram a se preocupar mais com as necessidades e os desejos dos consumidores, bem como a investir em tipos mais sofisticados de promoção e distribuição dos produtos.

No Brasil, a influência das multinacionais, muitas com práticas avançadas provenientes dos países de origem, contribuiu para solidificar o conceito de marketing e a estabelecer departamentos dedicados à área. As práticas adotadas foram além das táticas de vendas a fim de criar uma cultura de mercado em que a percepção do valor de produtos e serviços pelos consumidores fosse primordial.

As ideias revolucionárias de marketing da década, entretanto, não eram exclusividade das operações empresariais. Pesquisadores e cientistas desenvolveram teorias e conceitos que contribuíram para moldar a moderna disciplina de marketing, com destaque para Theodore Levitt e Philip Kotler. No artigo "Miopia em marketing", Levitt alertou sobre os perigos de as empresas se concentrarem demais nos produtos, e não o suficiente nos clientes. Já Kotler, na primeira edição de Administração de marketing, definiu uma base conceitual para o que viria a ser considerado o planejamento, a implementação e o controle de estratégias de marketing.

Essas contribuições tiveram papel crucial na definição e estruturação do marketing como o conhecemos hoje, influenciando não apenas práticas corporativas mas também a educação e a pesquisa na área.

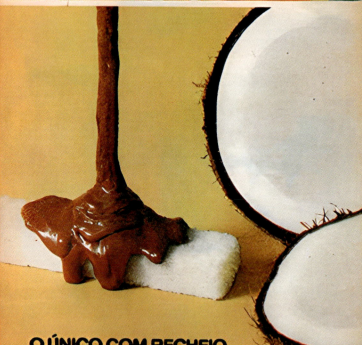

# MARKETING NOS ANOS 1970

O marketing nos anos 1970 passou por transformações importantes em relação às décadas anteriores. Antes, as vendas e a produção em massa eram o foco, sem tantas preocupações com as especificidades ou preferências dos consumidores. Com o aumento da concorrência e mais informação disponível ao público, as empresas começaram a considerar a necessidade de se distinguir no mercado e enxergar os consumidores não como um grupo homogêneo, mas, sim, como pessoas com desejos e necessidades variadas, o que acarretou o desenvolvimento das práticas de segmentação de mercado.

A segmentação de mercado possibilitou que as empresas identificassem e concentrassem os esforços em nichos específicos, desenvolvendo produtos e mensagens de marketing mais afinadas com as expectativas dos clientes. Definir o público-alvo tornou-se essencial para as estratégias de marketing, pois favoreceu a personalização de abordagens pelas empresas, otimizando recursos e aumentando a eficiência das campanhas.

Nesse cenário, técnicas de pesquisa de mercado se tornaram mais sofisticadas com o uso de métodos quantitativos e qualitativos para entender o comportamento do consumidor. A publicidade também evoluiu, com mensagens mais criativas e direcionadas, a fim de construir uma conexão emocional com os consumidores.

O "milagre econômico" no Brasil, período de crescimento econômico acelerado na década de 1970, ampliou o poder aquisitivo da população e acirrou ainda mais a competição entre empresas. Como resultado, o preço e a qualidade dos produtos foram fatores de decisão ainda mais determinantes para os consumidores, e as empresas foram obrigadas a adotar estratégias de marketing que contemplassem esses aspectos.

Esse período também foi marcante para a difusão internacional de conceitos e práticas de marketing. O movimento de globalização começou a tomar forma, e as empresas buscaram adaptar as estratégias para diferentes culturas e mercados, o que projeta um entendimento ainda mais profundo dos consumidores locais. A década de 1970, portanto, representou um período-chave na evolução do marketing, no qual a disciplina passou a ser reconhecida como vital para o sucesso não apenas de empresas mas também de outras organizações que buscavam estabelecer conexões sérias e rigorosas com seus públicos.

# MARKETING NOS ANOS 1980

## Rio de Janeiro x São Paulo

Emerson Fittipaldi, um dos pilotos mais vitoriosos da história brasileira, corria patrocinado pela John Player, cujas cores estamparam a McLaren M23 usada pelo automobilista em 1974 e 1975. Tratava-se de uma propaganda em um esporte de elite, mas vista por muitos brasileiros apaixonados por carros e velocidade. Emerson Fittipaldi contribuía para esse interesse popular.

*Um painel no aeroporto promovia a John Player Special. Velocidade, vitória e prazer era uma junção perfeita para conquistar o consumidor. Ao mesmo tempo, havia propaganda do cigarro Hollywood em todo o Rio de Janeiro e em São Paulo. Dirceu Franco, CEO da Philip Morris, também queria divulgar o cigarro Marlboro. Contudo, para ganhar a conta da marca, era necessário fazer algo surpreendente e espetacular, porque Dirceu era um profissional exigente e valorizava o aspecto impactante da propaganda. Por isso, Luiz Roberto Kallas ofereceu a ele uma superestrutura publicitária na Avenida Tiradentes, bem maior que as demais, conhecida por empena, e lá colocou o famoso cowboy da Marlboro.*

*A empena permaneceu lá até que, em 2006, foi sancionada a Lei da Cidade Limpa, a qual retirou dos espaços públicos toda a publicidade e proibiu outdoors e pinturas em fachadas que faziam propaganda de empresas e produtos, em São Paulo. Você, caro leitor, deve estar se perguntando como foi possível manter uma propaganda de cigarros por tanto tempo no local, já que em 2000 havia sido proibido veicular propaganda de produto derivado de tabaco em revistas, jornais, outdoors, televisão e rádio, e associar o fumo às práticas esportivas. A solução para driblar esse fato foi retirar o nome Marlboro da empena e deixar o cowboy no campo, porque a imagem já estava consolidada na mente do consumidor.*

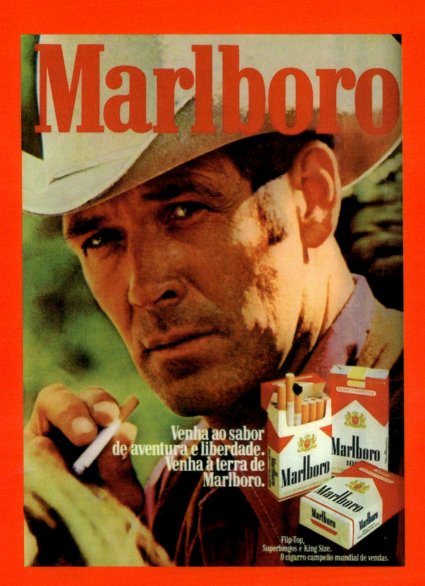

## Marlboro man

*Para dar uma ideia de liberdade, a Philip Morris criou o mundo Marlboro, em que os personagens eram boiadeiros, sempre bonitos, viris, em posições que suscitavam coragem e ousadia. Os marlboro men convidavam o consumidor a vir para o mundo de Marlboro. Essa iniciativa de marketing foi um sucesso. Mesmo hoje, após anos de proibição de propagandas de cigarro, muita gente ainda se lembra das peças. A campanha tem a autoria de Leo Burnett Worldwide e é considerada uma das campanhas publicitárias mais brilhantes de todos os tempos. Os marlboro men representavam "independência e rebeldia individualista", segundo descreveu Jack Landry, executivo de publicidade da Philip Morris.*

Durante a década de 1980, o mundo passou por intensas inovações tecnológicas, especialmente nos campos de informática e telecomunicações. Isso impulsionou o que ficou conhecido como marketing 2.0, que com o avanço da tecnologia passou a ter como foco as necessidades e os desejos dos consumidores, utilizando a segmentação de mercado e o posicionamento de marca como estratégias-chave. Nesse cenário, os "gurus do marketing" emergiram e introduziram novas teorias e práticas que, em uma economia cada vez mais globalizada, difundiram-se amplamente e tornaram-se fundamentais para o sucesso das empresas.

No Brasil, contudo, a situação econômica era marcada por desafios distintos. Conhecida como década perdida, nessa época o país desenvolveu uma de suas mais graves crises econômicas, caracterizada por alta inflação, dívida externa elevada e crescimento lento. Essas condições econômicas adversas tornaram complexo o ambiente para a prática de marketing. A inflação galopante desestabilizou os preços e, para as empresas, tornou-se extremamente difícil planejar-se a longo prazo, influenciando a percepção de valor e estabelecendo estratégias de preços eficazes. Além disso, a recessão reduziu o poder de compra dos consumidores, o que forçou muitas empresas a focalizar mais as táticas de sobrevivência de curto prazo, como descontos e promoções, que as estratégias de branding e segmentação.

A presença de monopólios também agravava a situação, pois limitava a competição e a inovação. Em um mercado com menos competição, há menos incentivo para a inovação em marketing e para a compreensão profunda das necessidades do consumidor. Isso acabou por retardar o desenvolvimento e a sofisticação do marketing no Brasil, em comparação ao que ocorria em países com economias mais bem-sucedidas.

Pode-se entender, portanto, que o marketing no Brasil dos anos 1980 funcionava sob condições de mercado bem diferentes dos modelos emergentes no mundo desenvolvido daquele momento. Enquanto o marketing 2.0 se consolidava globalmente com a chegada da era da informação, no Brasil as adversidades econômicas exigiam uma adaptação desses conceitos às realidades locais, nas quais prevaleciam estratégias de curto prazo e foco em sobrevivência.

## Ousadia, marca registrada da Kallas

Após um convite de Celestino Prado, Luiz Roberto Kallas foi conhecer a sede da Reynolds, em Winston-Salem, onde ocorreu uma reunião que traria um grande desafio para a Kallas. Foi nessa ocasião que ele recebeu a notícia da venda da Reynolds para a Philip Morris. Por isso, precisavam de uma forte campanha para a divulgação do cigarro Camel.

A proposta previa a distribuição de trinta backlights, que permaneceriam ativos por três meses. Isso representava um investimento muito acima do que a Kallas poderia arcar. Prestes a declinar do projeto, Luiz Roberto Kallas recebeu um cheque de U$ 1 milhão para que construísse os trinta painéis. A Reynolds alugaria os espaços assim que ficassem prontos e, terminado o período da campanha, eles passariam a ser propriedade da Kallas. Um desafio se apresentava.

Ao voltar para o Brasil, acertou parte dos painéis com os governos do Rio de Janeiro e de São Paulo. A próxima etapa seria escolher os pontos. Para isso, não existia ninguém mais eficiente que Dirceu Franco, com seu olhar astuto e atento a todos os detalhes que garantiriam o sucesso de cada ponto. Ele fez a escolha dos pontos e o resultado da campanha foi sensacional.

Luiz Roberto Kallas recebia, paralelamente, de seu amigo Atila Godoy as ações referentes à parte dele na empresa, porque trabalharia na diretoria de uma empresa em Brasília. Já proprietário da Aka, Luiz Roberto Kallas comprou ainda a Codemp e, em busca de autonomia e qualidade para seus produtos, passou a produzir as próprias peças. Nesse período, a Mastercard entrou em seu catálogo de clientes.

# MARKETING NA ERA DIGITAL

A revolução da internet nos anos 1990 globalizou o mundo e impulsionou o surgimento de novas estratégias de marketing. Blogs, e-mails, redes sociais e buscadores surgiram, abrindo caminho para as empresas explorarem o potencial do marketing digital. Ao mesmo tempo, a sociedade despertou para a importância de preservar o meio ambiente e adotar valores conscientes. É o nascimento de uma nova era: o marketing 3.0.

## A Mastercard

Quando a Mastercard entrou no Brasil, foi convidada para conhecer a mídia da Kallas. Para o departamento comercial, isso era uma grande perda de tempo, mas uma de suas colaboradoras, Andrea Ducatti, vislumbrou o sucesso dessa iniciativa de comunicação e apoiou o projeto.

Na busca por pontos que fossem estratégicos para a Mastercard em São Paulo, cogitou-se a possibilidade de colocar um painel na casa da família Matarazzo, na avenida Paulista. Maria Pia Matarazzo autorizou a instalação no jardim da casa e a iniciativa foi um sucesso. Sucessivas campanhas bem-sucedidas fizeram com que a relação entre a Kallas e a Mastercard se consolidasse.

Na época, ocorria anualmente uma conferência para a qual pessoas-chave do mundo todo eram convidadas; Luiz Roberto Kallas foi convidado para uma delas. O evento no Brasil ocorreu em Manaus. Com Dirceu Ramos, a Kallas pintou a marca Mas-

*tercard em todo o aeroporto internacional de Manaus e instalou painéis do aeroporto ao Hotel Tropical, onde seria o evento.*

*Garoto-propaganda da Mastercard na época, Pelé causava um verdadeiro furacão quando chegava.* No livro Pelé: os dez corações do rei, *para ilustrar a dimensão do rei do futebol, o jornalista José Castello revela que, enquanto o avião taxiava em viagem para Tóquio, John Lennon viu pela janela uma multidão de jornalistas na pista. Para se livrar do assédio, ele foi o último a desembarcar e somente então se deu conta de que os jornalistas esperavam Pelé, que estava em outro avião. O evento da Mastercard foi um sucesso e a cereja do bolo foi o show do folclórico Parintins.*

*Ainda sobre a magnitude do nosso rei do futebol, em convenção realizada em New Jersey, na sede mundial da Mastercard conhecida popularmente por elefante branco, Pelé quis jantar em um restaurante com Luiz Roberto Kallas e Celso Grellet, grande executivo de marketing esportivo no Brasil. Para evitar tumultos e confusão, os três executivos chegariam antes ao salão de jantar e Pelé, depois.*

*Em determinado momento, um enorme silêncio tomou conta do ambiente. Todos já sabiam que se tratava da entrada de Pelé. Um sheik árabe se levantou esbaforido da mesa, derrubou louças e a própria carteira e correu na direção de Pelé para pedir um autógrafo para o filho.*

*Passaram-se as horas e somente Pelé e seus convidados permaneceram no salão. Um garçom ficou à disposição, mesmo depois de os serviços serem encerrados. Pelé pegou um copo com uísque sobre a mesa e bebeu um gole. Mesmo ainda quase* cheio, o garçom o substituiu, guardando para si o copo em que Pelé havia bebido, como se fosse uma relíquia. Em seguida, o mesmo garçom tirou do bolso uma nota de U$ 100 para que Pelé autografasse. Ao ver o valor da nota, Pelé pediu que ele trocasse a nota por uma de U$ 1, menos valiosa. A resposta do garçom, sem titubear, foi que Pelé era precioso demais e o valor da nota refletia a enorme admiração que tinha pelo ídolo.

## Tamanho é documento, sim! Projeto Kaiser

Um dos destaques da trajetória da Kallas é o projeto Kaiser, que entrou para o Guinness Book entre 1997 e 1998.

Quando voltou de Washington, Celso Grellet marcou uma reunião com o advogado Marcelo Figueiredo Portugal Gouvêa para que intermediasse a negociação com a prefeitura de São Paulo sobre a instalação de um painel ao lado do Sambódromo do Anhembi. A análise do prédio levantou um sério problema: a forte ação do vento não permitiria a permanência do painel. Foi então que um engenheiro de estruturas da Kallas teve a ideia de usar argolas de borracha para fixá-lo.

Para o projeto, foi produzido e instalado o maior painel front light do mundo, com 3.120 m² (156 m x 20 m), que se mostrou resistente a ventos com velocidade de até 144 km/h. Na época, outro problema surgiu: como iluminar esse painel imenso? A solução veio pelas mãos de Dirceu, que aceitou o convite para trabalhar na Kallas. Levaram, então, o projeto para a empresa Holoframe, com sede em Ohio, e lá resolveram o problema indicando a instalação de 36 holoframes fixados no prédio em duas torres, cada uma com 18 holoframes voltados para o painel. Foi um projeto minucioso de iluminação. Quando acenderam as luzes pela primeira vez, uma emoção enorme tomou conta de todos que faziam parte do projeto. A sensação era de que toda a cidade estava iluminada.

## MARKETING NOS ANOS 2000

Em razão da rápida evolução digital, no início dos anos 2000 houve uma mudança significativa no modo como o marketing foi concebido e aplicado. A popularização da internet alterou fundamentalmente as expectativas e os comportamentos dos consumidores. Eles passaram a ter mais poder e controle sobre o processo de compra, com acesso a vasta quantidade de informações sobre produtos e serviços, o que favorecia um processo de tomada de decisão mais independente.

A possibilidade de escolher e acessar informações nivelou o campo de atuação entre consumidores e empresas. Com isso, as estratégias de marketing tradicionais com base em propaganda intrusiva e unidirecional perderam eficácia. As empresas então se viram forçadas a se adaptar a um mercado em que o conteúdo e o contexto passaram a ter um peso enorme na eficácia da comunicação.

As redes sociais emergiram como ferramentas de comunicação cruciais. No começo com plataformas como Orkut e depois com Facebook, Instagram e Twitter, as redes sociais possibilitaram um diálogo constante e bidirecional entre marcas e consumidores. Isso favoreceu o envolvimento das empresas com os consumidores de maneira mais personalizada e direcionada, mas também tornou dinâmico o desafio de gerenciar a marca em múltiplas plataformas e lidar com o feedback do consumidor em tempo real.

A telefonia celular, sobretudo após a introdução de smartphones e aplicativos móveis, proporcionou novos pontos de contato entre marcas e consumidores. Com o consumidor cada vez mais conectado, o marketing móvel começou a atrair. Isso forçou as empresas a pensarem na mobilidade e na relevância do contexto nas campanhas publicitárias.

Outro desafio significativo foi a crescente sensibilidade dos consumidores em relação ao uso de dados pessoais. Com o aumento da coleta de dados online, as questões de privacidade tornaram-se uma preocupação crescente, culminando com a introdução de regulamentações mais específicas como o Regulamento Geral sobre a Proteção de Dados (RGPD) na Europa.

Assim, os anos 2000 foram marcados tanto por desafios como por oportunidades. O marketing teve de se tornar mais autêntico, dialogar e engajar realmente o consumidor, investindo em tecnologia e análise de dados para personalização e segmentação de mercado, bem como se adaptar às mudanças em relação às regras de privacidade e proteção de dados.

## MARKETING NOS ANOS 2010

Foi na década de 2010 que o marketing realmente se transformou. Com a ascensão do marketing 4.0, a ênfase passou a ser o homem e toda a sua jornada como consumidor. Hoje somos bilhões de pessoas unidas em tempo real por uma rede de conexões, com uma gama sem precedentes de escolhas a um simples clique.

As empresas precisam se aproximar ainda mais dos clientes, horizontalizando o relacionamento e priorizando a satisfação. No universo online, as estratégias publicitárias também se reinventaram, abrindo espaço para que os usuários pudessem anunciar e influenciar a percepção sobre as marcas. Nesse cenário, a vantagem competitiva é fundamental para garantir a continuidade no mercado. Diante de tantas mudanças e tantos desafios, o marketing a partir dos anos 2000 segue em constante evolução, provando que se adaptar é o segredo para sobreviver no mundo dos negócios.

O marketing 5.0 surge associado a três grandes desafios: as lacunas entre as gerações, a polarização da prosperidade e a digitalização. Esse tipo de marketing tem como base aplicar as novas tecnologias que mimetizam os seres humanos para criar, comunicar, entregar e enriquecer o valor ao longo da jornada do cliente.

A aplicação prática do marketing 5.0 está relacionada a pilares importantes, especialmente no momento pós-pandêmico vivido em 2022.

Algumas bandeiras adotadas no marketing 5.0:

- **Apoiar causas justas**

    A empresa/marca deve ser protagonista de causas importantes: ambientais, sociais e educacionais. Uma boa maneira de solidificar esse elo é se associar a organizações não governamentais (ongs). Essa estratégia também é conhecida por marketing de causa.

- **Ter consumidores/usuários como embaixadores da marca**

    O propósito do embaixador é transmitir ao público-alvo os valores da marca. Exemplos: Juliette Freire, campeã do Big Brother Brasil 21, embaixadora da Avon; Gabriel Medina, campeão de surf, da Adidas; e o cantor Thiaguinho, da marca Reebok.

    Esse tipo de marketing não é privilégio somente de grandes empresas. Pequenas e médias empresas podem eleger um colaborador ou cliente como embaixador da marca. Mas atenção: é necessário pesquisar com muita cautela, criar um planejamento e uma estratégia para escolher alguém realmente adequado.

## ■ Ter responsabilidade social

A responsabilidade social corporativa (RSC) refere-se ao papel que as empresas assumem na promoção do bem-estar social, econômico e ambiental. A responsabilidade social envolve o reconhecimento das empresas quanto ao impacto de suas operações na sociedade e a assunção de um compromisso com ações que vão além do cumprimento de obrigações legalmente fundamentadas, trazendo contribuições positivas para a comunidade.

A abordagem moderna sobre esse tema tem função fundamental. Para que uma empresa seja percebida como genuinamente envolvida com as causas sociais, é crucial que as iniciativas estejam alinhadas aos valores centrais da organização. Isso não apenas reforça a revisão das ações mas também cria uma conexão mais profunda com os consumidores, o que tende a favorecer empresas alinhadas aos próprios valores. As ações, portanto, devem ser integradas de maneira intrínseca à estratégia organizacional e refletir um compromisso legítimo com o bem-estar social.

Quando se trata de responsabilidade ambiental, a avaliação do ciclo de vida dos produtos, o gerenciamento eficiente de recursos e a redução da pegada ecológica são aspectos importantes. A conexão com a cadeia de suprimentos é igualmente crucial, pois se estende às práticas de sustentabilidade para além das fronteiras imediatas da empresa. Ao escolher fornecedores comprometidos com a sustentabilidade, as empresas podem criar uma onda positiva ao longo de toda a cadeia de valor.

O desafio de traduzir a responsabilidade ambiental em ações concretas pode incluir a adoção de métodos de produção mais limpos, investimento em energias renováveis ou compensação das emissões de carbono. Medidas como essas demonstram um compromisso tangível com a preservação ambiental e podem influenciar outras partes interessadas na adoção de posturas semelhantes.

O equilíbrio entre a sinceridade e o comprometimento demonstrados nas iniciativas da RSC pode ser alcançado por meio de uma comunicação transparente e pela mensuração e divulgação dos resultados das ações de responsabilidade social e ambiental. As empresas são beneficiadas ao incorporar o feedback das partes interessadas e ao demonstrar continuamente vontade de se ajustar e melhorar as práticas em RSC.

Para alcançar a efetividade no marketing 5.0, é necessário primeiro entender que essa abordagem pretende harmonizar o uso de tecnologias avançadas com a capacidade de entender e atender com mais profundidade e empatia às necessidades humanas. O foco é identificar e criar valor que seja percebido de maneira significativa por clientes e usuários.

Um aspecto-chave é a experiência do cliente, que deve ser enriquecida por meio de interações ocasionais, muitas vezes amplificadas ou facilitadas por meio de tecnologias, como a inteligência artificial e a realidade aumentada. Essas vivências devem ser projetadas para ser memoráveis, favorecendo a formação de conexão emocional e tensão entre cliente e marca.

As empresas devem também se esforçar para transformar os clientes em defensores da marca, engajando-os para além das transações comerciais. Isso implica envolvê-los de maneira autêntica, estimulando-os a compartilhar experiências positivas. O marketing moderno exige ainda postura de responsabilidade social e ambiental. Não se trata apenas de imagem mas também de alinhamento genuíno dos valores da empresa às preocupações globais, expresso em ações concretas e práticas de negócios sustentáveis, algo cada vez mais valorizado pelos consumidores.

Quanto ao atendimento, o modelo consultivo e personalizado visa ir além do fornecimento de um produto ou serviço. O objetivo é entender as necessidades específicas de cada cliente ou usuário e propor soluções sob medida, combinando expertise e comunicação eficaz. Reconhecer o valor emocional, por fim, é admitir que a tecnologia deve ser um meio para fortalecer as relações humanas, e não um fim em si mesma. Emoções positivas são peças fundamentais para a lealdade à marca e a satisfação do cliente, e estratégias de marketing devem ser criadas com base em um entendimento profundo das jornadas emocionais dos consumidores.

A efetividade do marketing 5.0 baseia-se, portanto, no equilíbrio cuidadoso entre tecnologia de ponta e conexão humana profunda para criar experiências de especialização do cliente que conduzam ao engajamento, à lealdade e à defesa espontânea da marca.

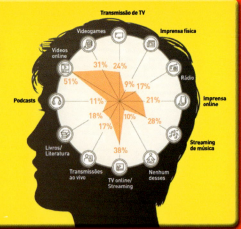
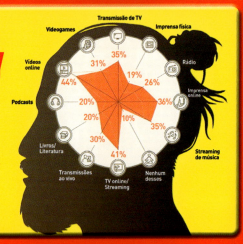
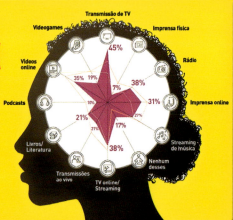

# PARA ONDE CAMINHARÁ O MARKETING?

As perspectivas apresentadas já estão em andamento e muitas delas ganharão mais intensidade.

1. **Marketing digital em ascensão:** a migração contínua das atividades de marketing para o mundo digital continua a ser uma tendência forte. O aumento do uso de dispositivos móveis e a expansão da conectividade 5G têm desempenhado um papel importante nessa mudança.

2. **Conteúdo de qualidade é fundamental:** a produção de conteúdo relevante e de alta qualidade permanece essencial. O marketing de conteúdo é uma estratégia de longo prazo para atrair e engajar os consumidores.

3. **Videomarketing:** o vídeo continua a ganhar destaque, especialmente em plataformas como YouTube; Instagram, mais recentemente também com o Reels; e TikTok. As transmissões ao vivo também estão em alta.

4. **Personalização avançada:** as empresas estão investindo em tecnologias de personalização, utilizando dados e análises para criar experiências de marketing altamente personalizadas para os consumidores.

5. **Automação de marketing:** o uso de automação de marketing está crescendo, isso possibilita às empresas segmentar, nutrir e converter leads de maneira mais eficiente.

6. **Inteligência artificial (IA) e *machine learning*:** a IA desempenha um papel de importância crescente no marketing. Contribui na automatização de tarefas, análise mais eficaz de dados e previsão de comportamentos do consumidor.

7. **Evolução das mídias sociais:** as mídias sociais estão em constante mudança. Plataformas como Instagram, Facebook e Twitter continuam a evoluir e novas redes sociais podem surgir.

8. *Search engine optimization* **(SEO) em constante mudança:** as práticas de otimização de mecanismos de busca (SEO) apresentam evolução constante para se adaptarem aos algoritmos.

9. **Marketing influenciador:** a colaboração de influenciadores ainda é uma estratégia eficaz para alcançar públicos específicos e autênticos.

10. **Ênfase em ética e privacidade:** a regulamentação de privacidade de dados, como o *general data protection regulation* (GDPR) na Europa, molda a maneira como as empresas coletam e usam os dados dos consumidores. A ética também está em foco, com mais consumidores preocupados com as práticas das empresas.

11. **Experiências online e offline integradas:** a integração perfeita entre experiências online e offline se torna mais importante à medida que os consumidores interagem com as marcas por meio de diversos canais.

12. **Sustentabilidade e responsabilidade social:** com consumidores cada vez mais conscientes das questões de sustentabilidade e responsabilidade social, as empresas têm adaptado as estratégias de marketing.

# COMUNICAÇÃO
## INTEGRADA
## DE MARKETING

**VAMOS FALAR** em primeiro lugar sobre comunicação integrada de marketing (CIM), porque é por ela que escoa o planejamento e faz o marketing acontecer. Os dias atuais exigem velocidade extrema no marketing, mas sem abandonar o planejamento estratégico. Então, o profissional que se dispõe a percorrer esse caminho deve saber que o percurso não é tranquilo, mas, sim, cheio de sobressaltos. No fim, porém, quando os resultados mensurados são positivos, a alegria e a satisfação são proporcionalmente grandes, até que se inicie outra campanha, ou seja, agora!

Tudo é rápido em marketing. Trabalhar na área é saber que algo pode estar ocorrendo em algum lugar do planeta e afetar diretamente o que fazemos em nossa empresa. Como no episódio lastimável da guerra entre Rússia e Ucrânia, que impactou todo o planeta no que se refere a energia, alimentação, petróleo, gás etc.

Comunicação integrada é a junção de três processos comunicativos que ocorrem simultaneamente na empresa: a comunicação institucional, a comunicação mercadológica e a comunicação interna. Muitos associam comunicação integrada apenas aos esforços da empresa para levar seu produto até o consumidor. Mas, na verdade, se a comunicação institucional e a comunicação interna não forem consideradas, o fracasso das iniciativas é iminente.

Costumamos dizer que uma comunicação bem feita é a que vai de P a P na empresa: do porteiro ao presidente há o mesmo entendimento. A empresa investe uma grande quantia para promover sua marca e estrutura seu planejamento estratégico, no qual descreve missão, visão e valores. Esse trio deve nortear toda e qualquer ação da empresa no mercado.

Anos são investidos para firmar a marca, mas poucos minutos são suficientes para destruir todo o esforço. O fio que liga a empresa ao cliente satisfeito é tênue. Basta um colaborador fazer um mau atendimento para o marketing boca a boca começar a operar. Em 2018, a marca de uma grande rede de supermercados sofreu um abalo substancial – e, a nosso ver, com razão – porque um colaborador bateu em um cachorro até a morte. Atitudes que a sociedade repudia despertam aversão e raiva, sentimentos péssimos que um cliente poderia nutrir pela marca.

Uma atividade que fuja à missão vai custar caro à imagem da empresa. Por isso, esse trio é tão importante também para o marketing.

A comunicação mercadológica tem como base as outras duas, ou seja, pode ocorrer apenas se estiver em sintonia com estas. A empresa escolherá os meios comunicativos para praticá-la, a fim de alcançar o cliente de modo mais contundente.

É necessário responder a perguntas básicas para que o marketing tenha sucesso:

- Qual produto/serviço é o foco?

- Quais são a missão, a visão e os valores da empresa?

- Qual público deve ser atingido?

- Qual é o orçamento disponível?

- Quanto tempo é necessário para a execução?

- Qual é a meta a ser alcançada?

Uma vez respondidas, pode-se pensar em fazer um planejamento de marketing, no qual serão listados todos os meios de comunicação a serem utilizados para transmitir as informações e os conteúdos elaborados.

Esse conjunto de meios de comunicação é o que chamamos de mídia, classificada de acordo com as características que apresenta. Então, uma mídia pode ser impressa, analógica, digital, de massa, paga ou gratuita, portanto existe um considerável número de mídias à disposição do marketing.

Para facilitar e modernizar o conceito, hoje aceita-se que existem mídias offline, as quais não utilizam internet, e digitais, que para existir necessitam de recursos tecnológicos e apresentam como benefício principal o fato de ocorrerem em tempo real e, por isso, poderem ser interativas. Outros aspectos importantes da mídia digital é o menor custo de produção, a flexibilidade para alterar o conteúdo sem grandes custos e os recursos disponíveis, como a animação e o movimento.

# O FANTÁSTICO *CASE* DA LOCALIZA

## ENTREVISTA COM HERBERT VIANA ANDRADE

CMO da Localiza, Herbert Viana conheceu Rodrigo Kallas por volta de 2015. Rodrigo já havia tentado contato anteriormente, mas sem sucesso. Diretor de marketing da Localiza por mais de oito anos, Herbert tinha por hábito conhecer os fornecedores principais e fazer deles parceiros potenciais. Mas tudo acontece quando tem de acontecer. Uma característica de Herbert era sempre ter acreditado na mídia OOH, pois ela estava ao alcance do consumidor no momento da compra ou mesmo antes dela.

Para a Localiza, o foco eram consumidores em trânsito, em lazer, porque na época o aluguel de carros não era muito difundido. Apesar de nas férias as pessoas procurarem essa opção, em momentos triviais como o fim de semana ela não estava na mente do consumidor.

Nos aeroportos do Rio de Janeiro e de São Paulo, o consumidor se locomovia por meio de aplicativos de transporte ou táxi. Não pensavam na possibilidade de alugar um automóvel. Na época, a Localiza nao dispunha de uma verba alta para investir em marketing. No primeiro encontro com Herbert, Rodrigo apresentou a Kallas, mas inicialmente não fizeram negócio. Era necessário ter paciência e nutrir a relação.

Em 2016, a Localiza patrocinou as Olimpíadas no Brasil e, por isso, tinha a prerrogativa de anunciar na cidade do Rio de Janeiro. O Comitê Olímpico e outros órgãos envolvidos na organização do evento eram rigorosos, e a Localiza não podia perder a oportunidade.

Ainda que utilizasse uma agência de divulgação, algumas iniciativas vinham diretamente de Herbert para focalizar a aplicação da verba de marketing em negócios mais interessantes, financeiramente falando.

Na época, a empresa fez ações de marketing com a Ótima, outra empresa da área e detentora de ativos na recém-revitalizada Praça Mauá. Nesse período, a Kallas tinha ativos no aeroporto Santos Dumont e empenas na cidade do Rio de Janeiro, mas o aeroporto Tom Jobim não lhe pertencia. Fizeram negócio com esses espaços, mas a Kallas não era a única fornecedora da Localiza.

Rodrigo Kallas ofereceu o aeroporto de Congonhas à Localiza, mas Herbert já não tinha mais verba para investir. Então Rodrigo sugeriu uma permuta: a Localiza ofereceria carros para o setor operacional da Kallas. A princípio, não parecia uma boa ideia, principalmente porque a Localiza já havia tido experiências negativas. Em razão das circunstâncias, porém, concretizaram a parceria e iniciou-se ali uma boa amizade.

Quando a concorrente Movida começou a incomodar, a Localiza resolveu investir em marketing para "blindar" algumas praças, principalmente Rio de Janeiro e São Paulo. Nas palavras de Herbert, o profissional de marketing tem de saber, antes de tudo, negociar com os fornecedores para que a aplicação da verba disponível tenha o melhor aproveitamento possível.

É importante lembrar que, diante de crises iminentes, a empresa corta, em primeiro lugar, o investimento em marketing. Ainda que não seja logicamente correto, isso ocorre na maioria das vezes e exige mais atenção e talento do profissional de marketing para negociar. Se a relação com os fornecedores for amistosa e indicar fidelização, essa evolução ocorrerá naturalmente.

No caso da Localiza, Herbert sempre acreditou que se deveria investir no consumidor posicionado na "última milha", o que está no aeroporto e precisa dar o próximo passo, ou seja, necessita de mobilidade. O aeroporto não é o ponto final dele!

Foi então que procurou Rodrigo Kallas no início de 2017 para conhecer os espaços do aeroporto Santos Dumont. Marcaram um encontro no aeroporto e começaram a verificar as possibilidades. Ao se sentarem para um café a fim de fechar acordos, Herbert percebeu a existência de separadores de fila, os belts, e perguntou a Rodrigo quanto custaria para colocar o nome Localiza em todos eles.

Mas por que belts? O raciocínio foi lógico: nos painéis, o anunciante é exposto em loops, alternando o espaço com outros anunciantes. Com belts não há concorrência: eles ficam parados, fixos e visíveis todo o tempo! Segundo Her-

O FANTÁSTICO *CASE* DA LOCALIZA

bert, veio em sua mente uma cena do aeroporto todo verde, com a marca Localiza!

Apesar de não ter a posse dos belts, Rodrigo disse sim para o cliente. Fizeram um acordo interessante para ambas as partes e em pouco tempo o aeroporto estava efetivamente tomado pela marca. Rio de Janeiro e, depois, São Paulo. Rodrigo também bonificou o cliente com dois painéis de posição bastante estratégica, que ofereciam desconto no aluguel de carro, no início sem agendamento. Sucesso total!

De tão entusiasmado, o presidente da Localiza cogitou colocar belts em todos os aeroportos do Brasil. A campanha deu tão certo que a iniciativa virou um produto: hoje outras empresas também anunciam assim. Quando está em um aeroporto atualmente e vê belts de anunciantes, Herbert diz para Rodrigo que assume a paternidade da iniciativa. A Localiza manteve a campanha por, aproximadamente, dois anos. Estabeleceu-se ali uma grande parceria e, por que não dizer, uma forte amizade.

A concorrência tentou interferir naquela "invasão verde" nos aeroportos, mas Rodrigo não aceitou por questões éticas óbvias. Foi então que concorrentes adesivaram as bandejas usadas pelo viajante para passar pelos raios X da Receita Federal. Essa situação, porém, causa na pessoa uma sensação de desconforto por ter de abrir a bagagem e pela intimidação das circunstâncias. Nesse aspecto, a adesivagem provoca uma ancoragem negativa, ou seja, o consumidor associa o desconforto à marca.

Como continuação ao sucesso da campanha, Herbert vislumbrou a possibilidade de pintar de verde os carrinhos de bagagem e imprimir a marca. Rodrigo indicou um fornecedor para fazer a pintura, mas, desconfiado, Herbert pesquisou um pouco mais a fim de encontrar um preço melhor. O fornecedor de Rodrigo, no entanto, ofereceu o melhor preço.

Nesse sentido, é necessário lembrar a importância de a empresa estabelecer uma parceria efetiva com o cliente. O negócio não teria se concretizado se, por exemplo, a Kallas tivesse colocado um valor extra. Ao perceber a atitude, a relação de segurança entre eles se solidificou substancialmente.

A frota de carrinhos do aeroporto era composta de 2.500 unidades. Herbert optou por pintar 25% dela, ou seja, a cada quatro carrinhos, um seria verde e receberia a logomarca da Localiza. Assim não haveria monitor de segurança no aeroporto que não filmasse ao menos um carrinho verde! Mas havia um problema: no fim da campanha, todos os carrinhos deveriam apresentar a cor original, por isso era necessário contabilizar também a verba dessa pós-produção.

Tudo conversado, organizado e, por meio de esforços de ambas as partes, outra experiência de sucesso concretizou-se, com altas taxas de conversão. Um detalhe a ser comentado: Rodrigo Kallas designou algumas pessoas para que, no fim do dia, fossem aos aeroportos agrupar todos os carrinhos verdes. Isso destacava a marca de tal maneira que todo o aeroporto parecia vestir a camisa da Localiza.

Hoje, Herbert Viana Andrade não está mais à frente da Localiza. Investiu no próprio negócio, em uma empresa de IDOH, que instala monitores em automóveis de aplicativos. Iniciativa altamente interativa com o cliente. Mais que um cliente, é um profissional criativo, inovador e empreendedor.

## Mais uma inovação da Kallas: a chegada do backlight ao Brasil

Confeccionado em material translúcido e com iluminação traseira, um painel impresso foi trazido da Itália por Reinaldo Paes Barreto, diretor da Souza Cruz na época, para ser utilizado como ferramenta de comunicação nas campanhas de marketing da empresa. Então foi proposta uma parceria com a Pintex. O painel, conhecido por backlight, ocupava 7 metros por 3,60, tamanho que não por acaso era a proporção de um maço de Hollywood!

# OUT OF HOME (OOH)

**OUT OF HOME** não é exatamente uma mídia moderna. Se considerarmos que Jean-Claude Decaux, em 1964, debruçava-se sobre sua invenção: o novo conceito de abrigo de ônibus que podia ser financiado por publicidade. A diferença conceitual é que out of home não diz respeito à mídia em si, mas ao fato de fazer o *approach* com o cliente quando ele estiver fora de casa. Isso mesmo! Diante desse fato, responda-nos: onde divulgar mídia OOH? Bem... Essa resposta é tão abrangente que ousaríamos responder: no mundo!

Conceituam-se como mobiliário urbano objetos e equipamentos instalados em lugar público para uso da população ou para dar suporte aos serviços oferecidos. O mobiliário urbano caracteriza-se por contribuir com a segurança, tornar o ambiente público mais amigável e prazeroso, auxiliar na mobilidade urbana sem, contudo, agredir a harmonia visual da cidade. Você deve estar pensando: e a Times Square ou os letreiros luminosos característicos de Tóquio? Qual estudo foi feito ali? Na verdade, podemos dizer que o caos luminoso passou a ser o marketing desses lugares, associando a ideia de vida fervilhante, de tecnologia, de atividade!

# A HISTÓRIA DO OOH

O uso do espaço exterior para comunicar, publicitar e informar a população vem de milhares de anos, com os primeiros registros no Império Egípcio, quando inscrições já eram utilizadas nos obeliscos de pedra para divulgar leis e tratados públicos. Ainda que o espaço público fosse utilizado para disseminar informações oficiais do império, essa modalidade mostra o uso do espaço como meio de divulgação em massa, de maneira rápida e assertiva.

Com o caminhar da história, outras civilizações – algumas pouco difundidas – continuaram a utilizar o espaço exterior para divulgar e comunicar, mas apenas no Império Romano (27 a.C. a 476 d.C.) a comunicação exterior ganhou ares de publicidade. Estruturas horizontais de metal instaladas e pintadas sobre os muros eram disponibilizadas como grandes murais de comunicação nos quais a população poderia escrever mensagens com fins comerciais.

Anos se passaram e a evolução da publicidade exterior ganhou força e notoriedade quanto ao alcance e à entrega. A Igreja Católica, por exemplo, na Idade Média, utilizava cartazes de papel para divulgar benfeitorias e ações à população. Ainda de maneira manual e pouco organizada, a Idade Média – desde o início, com a utilização de signos e símbolos nas fachadas de edificações, até o final, com comunicações oficiais da Igreja Católica – foi um período decisivo para a formalização e conceituação do uso do espaço público para divulgação e comunicação.

OUT OF HOME (OOH)

Em 1450, com a invenção da prensa móvel, a comunicação em espaços públicos firma-se, ultrapassando as fronteiras de fachadas, muros e paredes, e ganha as ruas no formato de folhetos e materiais impressos. O maquinário criado evolui e o processo litográfico se aperfeiçoa até que, em 1796, torna-se possível a impressão em formatos maiores, como cartazes com textos e ilustrações.

As divulgações comerciais, de festas públicas, comunicados e esclarecimentos à população ganham tamanha força que, em 1772, a profissão de colador de cartazes é regulamentada e, vinte anos depois, inicia-se a regulamentação de todo o aparato publicitário no espaço público.

Em 1818, Paris estabelece uma lei que tornava obrigatória a utilização de estruturas duradouras e regulamentadas em todos os cartazes colados na cidade. Iniciava-se ali a organização do mercado de mídia exterior, tornando o espaço público, oficial e legalmente, uma área de exploração publicitária.

Dali em diante, o crescimento e desenvolvimento de técnicas e formatos foi exponencial; os cartazes ganharam cores, técnicas e tamanhos diversos. O cartaz americano, com mais de 50 m², surge em 1835 em Nova York, quando da impressão de cartazes de circo, grandes utilizadores da mídia exterior.

Acompanhando os movimentos sociais e políticos da sociedade, a mídia exterior ganha cada vez mais notoriedade. Ao adaptar-se a contextos e períodos, a mídia exterior, ou out of home, comunica, apoia e divulga, com cada vez mais formatos: outdoors, mobiliário urbano, trânsito, mídia alternativa, cinema e telas digitais locais.

## A HISTÓRIA DO OOH NO BRASIL

A história da mídia exterior no Brasil tem data de início relativamente tardia. Em razão de seu descobrimento em 1500, o país tem uma história diferenciada quanto à presença de publicidade nas ruas. Apenas a partir de 1808, com a vinda da família real para o Brasil, os primeiros tipógrafos aparecem com a elaboração e a publicação de impressos como cartazes, folhetos, livros e jornais.

No início do século XX, surgem as primeiras peças de mídia exterior, instaladas nos bondes, transporte público da época. É em 1908, por exemplo, que um dos anúncios mais icônicos do segmento é lançado: o Rhum Creosotado, de Ernesto de Souza. Até hoje em exposição no Museu dos Transportes Públicos Gaetano Ferolla, em São Paulo, o anúncio do remédio para bronquite ganhou repercussão e deu início a um novo momento na comunicação publicitária brasileira.

Mais de vinte anos depois, em 1929, nasce a Publix, primeira empresa com foco em outdoors no Brasil. Fundada por Marta Paturan de Oliveira, Ernesto Emílio De Feo e Nicola Citadini, a empresa localizava-se na cidade de São Paulo e seus outdoors eram pequenos e ovais, expostos em postes por toda a capital. Poucos anos mais tarde, a empresa contrata um profissional recém-chegado da Itália, que traz estratégias, formatos e possibilidades trabalhados fora do país, dando à mídia exterior brasileira da época o conceito conhecido hoje, com cartazes e painéis.

Desse momento em diante, o crescimento em termos de capilaridade e penetração é constante. A passos tímidos, mas em um movimento contínuo, em meados da década de 1950, era possível encontrar cerca de trezentos quadros nas ruas da capital paulistana.

Em 1936, surge o primeiro painel com aplique, hoje um formato conhecido e bastante utilizado em painéis e ativos de mídia exterior. Com produção majoritariamente artesanal, os anúncios eram criados e produzidos à mão, o que promoveu o desenvolvimento da formação de letristas e ilustradores profissionais de cartazes.

O uso de cores, formatos e tamanhos diferentes propagou-se. Surgiram cartazes com composição de duas e até quatro folhas, mas foi na implantação dos cartazes de oito folhas que grandes anunciantes multinacionais, como Rhodia, Alpargatas (com seu produto Lona Sempre Viva) e marcas como Sonrisal e Melhoral, passaram a incluir outdoors em seus planos de comunicação.

Nos anos 1940 e 1950, o mercado cresce e empresas como Publix e Pintex ganham notoriedade nacional, representando o crescimento do setor. Os formatos continuam se multiplicando em topos de prédios, empenas, outdoors e, pouco tempo depois, já é possível encontrar os primeiros fronts e backlights, com iluminação direcionada. A mídia exterior se espalha pelas cidades brasileiras, mostrando um crescimento intenso, mas um tanto desordenado.

Frente à exploração dos espaços exteriores de fato, nas décadas de 1960 e 1970 surge, com maior visibilidade, a exploração de espaços fechados como possibilidades de mídia exterior. Em 1979, nasce a Codemp. Fundador da empresa, Luiz Roberto Kallas notou a necessidade de um espaço onde as lojas do aeroporto internacional do Rio de Janeiro pudessem divulgar suas marcas. A partir dali, os espaços público-privados passam a receber a atenção das marcas como possíveis locais para veiculação de campanhas.

As ruas da cidade, no entanto, continuam a receber a atenção de anunciantes. Alguns anos mais tarde, a até então Codemp passa a se chamar Kallas Mídia e amplia os negócios, passando a ocupar mais espaços para além dos aeroportos do país. Em 1997, a Kallas entra para o Guinness Book com o Maior Painel Front Light do mundo. Localizado ao lado do Sambódromo do Anhembi em São Paulo, com 3.120 m² (156 m x 210 m) de tela acabada, o painel contava com processo de fixação inovador e era iluminado por setenta e dois holofotes para visualização noturna a grandes distâncias.

O crescimento exponencial da mídia exterior se mantém e passa a preocupar órgãos públicos, marcas e a população em geral. A ausência de orientações e de parâmetros padronizados evidenciava a desordem, refletida de maneira negativa e agressiva nas ruas e avenidas das cidades, com número excessivo de painéis pouco ordenados e muito confusos.

A preocupação com a ordenação da publicidade nas ruas brasileiras culmina com a criação, em São Paulo, da Lei da Cidade Limpa, em 2006. Elaborada pela arquiteta e urbanista Regina Monteiro, diretora de Meio Ambiente e Paisagem Urbana da Emurb, e aprovada pelo então prefeito, Gilberto Kassab, a nova lei passa a regrar, de maneira rígida, toda e qualquer publicidade instalada em via pública. Todos os anúncios na maior capital brasileira são retirados e um processo de revitalização de fachadas e edificações inicia-se.

A partir de 2006, toda e qualquer mídia exterior passa a ser proibida nas ruas de São Paulo e as marcas, anunciantes e exibidoras, passam a explorar espaços que antes não recebiam tanta atenção. Metrôs, aeroportos, centros comerciais, shoppings, rodoviárias e outros espaços de grande circulação começam a receber cada vez mais investimento com a instalação de ativos.

Ainda que tenha passado por mudanças significativas em sua história, a mídia exterior segue, até a primeira década dos anos 2000, fiel a criações de peças estáticas e analógicas. Em 2010, com a fundação da The Led, uma das maiores importadoras brasileiras de tecnologia em telas led, a publicidade torna-se digitalizada.

Acompanhando as tendências tecnológicas, criativas e inovadoras mundiais, o mercado brasileiro de mídia exterior passa a se chamar mídia out of home, abandonando o conceito de mídia a céu aberto e abraçando todos os formatos "fora de casa" como oportunidades de mídia e veiculação.

# PRINCIPAIS CARACTERÍSTICAS DA MÍDIA OOH

- Maximização da cobertura
- Flexibilidade
- Alta frequência
- Exposição integral (24 horas)
- Regionalização
- Alta visibilidade

Hoje o consumidor passa a maior parte do dia fora de casa e em deslocamento. Ao mesmo tempo, está sempre em busca de informação.

## PRINCIPAIS OPÇÕES DE MÍDIA OOH

- Mídias estáticas
- Mídias digitais (digital out of home – DOOH)
- Mídias interativas (digital interactive out of home – DIOOH) – Tendência

## TIPOS DE MÍDIA OOH

**Urbanos: grandes formatos**

- Outdoor: papel ou lonado
- Painel urbano: backlight ou frontlight
- Painel rodoviário: com ou sem iluminação
- Empena
- Topo de prédios
- Painel digital
- Letreiro

**Urbanos: mobiliário urbano alternativo**
- Relógio
- Abrigo de ônibus
- Mupi
- Aspersor de água
- Placa de esquina
- Banca de jornal ou de serviços
- Defensa de pedestres
- Lixeira
- Galhardete
- Protetor de árvores
- Quiosque de serviços ou de praia

## TRANSPORTES

**Mídia aeroportuária**

- Painel digital
- Painel estático com ou sem iluminação
- Fita divisora de fluxo
- Carrinho de bagagem
- Bandeja de raios X
- Ambientação de áreas
- Área promocional
- Adesivação
- Escada rolante
- Fachada
- Porta de embarque e desembarque

**Mídia metroviária: metrô, trem e VLT**
- TV interna
- Painel digital
- Mupi
- Envelopamento externo e interno
- Painel estático
- Sanca
- Catraca

**Mídia rodoviária: ônibus, vans**
- Municipais, intermunicipais, interestaduais
- TV interna
- Busdoor
- Backbus
- Envelopamento externo
- Sanca
- Back seat
- Vidro traseiro de motorista

**Veículos de passeio para transporte público: táxi, carros de aplicativos**

- Taxidoor: vidro traseiro
- Envelopamento
- Estático interno
- Sampling, take one
- Digital: TV ou interativo

**Mobiliário em lugares alternativos**

- Elevador
- Faixa de avião
- Balão
- Truck mídia
- Portos e navios
- Mídia onboard: aviões
- Revista de bordo
- Adesivo de bandeja
- Speech
- Sampling
- Ações promocionais, sorteios

## MÍDIA EM ESPAÇO DE VAREJO

**Shopping**
- Megabanner
- Banner digital
- Escada rolante
- Painel estático
- Adesivação de piso
- Stand promocional
- Painel digital
- Elevador

### Supermercados e outros estabelecimentos comerciais

- Carrinho
- Punho de carrinho
- Antena e alarme
- Painel estático
- Painel digital
- Check-out
- Cancela de estacionamento
- Caixa eletrônico
- Bar
- Restaurante
- Loja de conveniência
- Posto de gasolina
- Rede de café
- Academia
- Salão de beleza
- Faculdade

### Entretenimento

- Cinema
- Arena
- Campo de futebol (placas de campo)
- Grande evento: mídia de apoio a patrocinadores
- Show

### Diversos

- Postal
- Embalagem de sanduíches
- Mídia gás
- Saco de pão
- Caixa de pizza
- Outdoor social
- Carro de som
- Barco de som

### Irregulares ou informais

- Lambe-lambe
- Pintura de muros
- Homem-placa
- Cavalete
- Panfletagem
- Faixa
- Cavalete

# INTEGRAÇÃO OUT & ON

OOH & Online/Tecnologias

- Aplicativos
- 3D
- Realidade aumentada
- Programática
- Realidade virtual
- Holografia
- Mídia condicionada/programada

# NORMAS, LEIS E REGULAMENTAÇÕES OOH

As cidades têm leis, regras e normas para a mídia exterior e é necessário buscar em cada praça o que é permitido veicular.

- **São Paulo** – A Lei da Cidade Limpa proíbe a veiculação de qualquer tipo de mídia exterior, exceto Mub e em ambientes indoor.
- **Rio de Janeiro** – Restringe mídia exterior em algumas regiões da cidade.
- **Belo Horizonte** – Restringe mídia exterior em algumas regiões da cidade.
- **Salvador** – Regulamenta toda a mídia na praça, uma das mais organizadas do país.
- **Curitiba** – Não permite busdoor e restringe mídia em algumas áreas.

# PRINCIPAIS CLIENTES DO MERCADO OOH

O marketing não existiria sem um mercado consumidor, mas também perderia a razão de ser se não existisse o objeto a ser consumido. A afirmativa, aparentemente óbvia, é na verdade a fundamentação do marketing. Para a mídia OOH, o anunciante é o consumidor do negócio. No Brasil, há empresas que são fiéis consumidoras de OOH e investem nesse tipo de marketing:

- Unilever Brasil
- Bradesco
- Telefônica Brasil
- Itaú
- Claro
- Santander
- Ambev
- Amazon
- Samsung
- Procter & Gamble
- BRF Brasil Foods
- Tim Brasil
- McDonald's
- O Boticário
- Heineken
- Natura
- Coca-Cola
- Nestlé
- Cervejaria Petrópolis
- Netflix
- Mondelez
- Burger King
- Kroton Educacional
- FCA Fiat Chrysler Automóveis Brasil
- Apple
- Amil
- Pepsico
- Uber do Brasil Tecnologia
- Diageo

# PLANEJAMENTO DE MÍDIA

- Hábitos de consumo/jornada
- Escolha dos meios
- Periodicidade dos meios
- Escolha dos fornecedores
- Seleção de pontos/locais/vistorias
- Aprovação da mídia
- Pedido de material
- Implementação da mídia
- Checking
- Mensurações/métricas
- Retirada da campanha

---

### CRIAÇÃO PARA O MEIO OOH

As melhores criações devem:

- Reduzir a mensagem ao essencial.
- Ser eficaz.
- Apresentar menos palavras.
- Ter ilustrações maiores.
- Apresentar cores mais fortes.
- Identificar claramente o produto.

> **LEGIBILIDADE**
> - Conceito claro, com poucas palavras.
> - Elaboração de mensagens curtas.
> - Ideias rápidas.
> - Cores claras em contraste com cores fortes.

A criação poderá influenciar ou modificar os meios selecionados para as campanhas. O ideal é ter uma criação específica para os meios OOH ou fazer uma boa adaptação da arte já desenvolvida.

## Mobiliário urbano

Luiz Roberto Kallas foi conhecer Rudy Ferrer, CEO da Delta Media em Miami. A Delta tinha um gigantesco painel de Hollywood, mas o que chamou a atenção de Kallas foi o mobiliário urbano da empresa. Todo o mobiliário urbano de Nova York pertencia à Delta, até mesmo todos os painéis da Times Square!

Quando voltou para o Brasil, Kallas pretendia desenvolver esse espaço. A mídia em mobiliário urbano é um contato imediato com o cliente, disponível nos lugares em que ele passa obrigatoriamente ao transitar pela cidade.

*Foi quando Desmond e Oswaldo Gomes, prefeito de Campos do Jordão na época, solicitaram uma reunião com Kallas. Eles haviam caído em um conto do vigário, mas queriam fazer uma campanha para a Dinners. Já com o conceito de mobiliário urbano, a campanha de Kallas em Campos do Jordão foi vitoriosa. Em seguida, vieram Rio de Janeiro, Angra dos Reis, Lauro de Freitas, Gramado, Monte Verde, São José dos Pinhais e, hoje, cobre o Brasil de norte a sul.*

# O SENSACIONAL *CASE* DA CAOA

# ENTREVISTA COM MARCELO BRAGA

Marcelo Braga é um profissional de marketing que merece destaque pelas iniciativas e pelo modo como trabalha. Formado pela Universidade de Boston, tem experiência em televisão, como sua passagem pela Endemol, produtora de TV que detém o formato de vários programas, por exemplo Big Brother e Master Chef. Já atuou também em empresas de internet e até de chocolates. Isso lhe confere um perfil arrojado, muito criativo, inovador e, ao mesmo tempo, com foco total em resultados e no cliente.

A primeira pergunta feita para Marcelo Braga foi: o slogan "o melhor do mundo" foi criado internamente ou por uma agência? A resposta veio acompanhada de uma boa gargalhada. O slogan foi criado por um jovem rapaz de 86 anos chamado Vicente, de uma agência que nos auxilia, mas bem mais que um colaborador: faz parte da família Caoa. Vicente instituiu "o melhor do mundo" nos tempos da Hyundai, com a voz de José Ferreira Martins Filho, locutor de tom grave que "ancorou" a marca na mente do brasileiro.

Outra questão importante a ser destacada é a elegância com que a Caoa se refere aos concorrentes, sem agressividade e tampouco ofensa, como se pode observar em outras marcas. Deve-se lembrar que toda iniciativa de marketing da Caoa, no começo, enfrentou a rejeição a produtos coreanos, hoje já não contundente, e a rejeição a produtos chineses. A proposta era evidenciar a qualidade do produto muito antes de o consumidor se contaminar e rejeitá-lo. Carlos Alberto de Oliveira Andrade (note que Caoa vem das iniciais de seu nome) foi um empresário arrojado. Ele buscou uma mídia cujo modelo de comunicação americano evidenciava a personalidade Caoa por meio de comunicação arrojada. Não se pensa apenas na mensagem, mas em como as pessoas vão recebê-la.

Com a Kallas, a Caoa fez muitas parcerias. Como a antiga campanha da Subaru, de grande sucesso, a atual Caoa Chery e é impossível não mencionar o túnel de led no aeroporto de Congonhas.

# O SENSACIONAL *CASE* DA CAOA

Para Marcelo Braga, a campanha criada para a Subaru foi especialmente memorável. Um dos grandes diferenciais do Subaru é a alta aderência à água. O carro tem tração All Wheel Drive (AWD), que distribui a potência do motor para as quatro rodas em tempo integral. Isso significa que o carro usa as quatro rodas para se deslocar, independentemente das condições de condução e do ambiente. O carro "gruda" no chão. Para derrapar com um Subaru, nas palavras de Marcelo, ou o motorista é muito bom ou muito ruim. Na campanha, um carro era literalmente pregado no outdoor, o que na época foi incrivelmente surpreendente.

No que diz respeito a marketing, a ênfase da Caoa é inovação. Para a empresa, inovação é tecnologia em movimento. E não há, atualmente, nada mais surpreendente e impactante em mídia OOH que o consumidor desembarcar e entrar diretamente em um túnel que o envolva na mensagem e transmita o espírito de inovação da empresa. É necessário frisar que a mídia veiculada no túnel é feita única e exclusivamente para ele. Não desprezando a mídia exterior e seu impacto rápido, o túnel promove uma experiência sensorial de ordem inigualável. E é isso que a CAOA quer.

Marcelo Braga conheceu Luiz Roberto Kallas antes e, depois, Rodrigo Kallas. Carlos Alberto era apaixonado por uma sequência de painéis situada na entrada do aeroporto de Guarulhos e outra instalada na via de acesso a esse aeroporto. Esses painéis pertenciam à Kallas, mas hoje em dia pertencem à JCDecaux. Na ocasião, por volta de 2003, estava em negociação a instalação da fábrica da Hyundai em Anápolis. Em 2006, a Caoa recebia a visita de executivos da Hyundai no

Brasil e precisava impressioná-los. Por isso, os painéis eram tão estratégicos: ao sair do aeroporto, os executivos tinham a impressão de haver uma grande campanha de divulgação da marca. Ficavam extasiados. Era necessário impactá-los de modo a fazê-los perceber o investimento em marketing, uma vez que, analisando friamente, era provável que nem mesmo leriam um jornal aqui no Brasil, tampouco assistiriam televisão ou ouviriam rádio.

Uma informação importante sobre os investimentos em mídia feitos pela Caoa é que, por carro, ela investe, no mínimo, o triplo do investimento feito pelo segundo colocado, e é assim que eles construíram a marca – aliás estão construindo, porque inovação e tecnologia exigem dinamismo e antecipação de

marketing. Trata-se de impactar não só o consumidor mas também os formadores de opinião. Isso confere à marca uma agressividade incrível de impacto de mídia.

Quanto à evolução do túnel de led, um estudo está em andamento para fazer com que este impressione também pelo olfato. Nada mais agradável, para quem gosta de carro, do que experimentar o odor de carro novo. Essa experiência multissensorial pretende ser inesquecível.

Não é possível prever o que o futuro reserva para a Caoa. Mas o perfil arrojado da empresa certamente buscará o que houver de mais surpreendente, tecnológico e inovador para mostrar o diferencial da marca no mercado automobilístico.

# PENSAMENTO CRIATIVO:
## ESSENCIAL PARA O MARKETING

**CONSEGUIMOS PENSAR** apenas por que, desde quando nascemos, acumulamos continuamente informações na memória. São essas informações – sejam de dados isolados, sejam de procedimentos ou conceitos prontos – que compõem a nossa base intelectual.

Isso quer dizer que conseguimos pensar (ou imaginar) apenas com base nos registros em nossa memória. Se apreendemos (e registramos) procedimentos e conceitos corretos, raciocinamos e concluímos com exatidão; se apreendemos conceitos falsos, incorremos em erro, embora o modo de raciocinar seja correto. Analise, por exemplo, os efeitos nefastos da proliferação de *fake news* em vários setores da sociedade.

Há conceitos fundamentais para a qualidade do raciocínio: são os que direcionam corretamente o pensamento. Quando deixamos de apreender um fundamento correto, tendemos a raciocinar de maneira errada e a conclusão, como não poderia deixar de ser, será também falsa.

Podemos refletir sobre a capacidade criativa, tão importante para o profissional de marketing. Durante muitos anos, esse profissional foi visto apenas como alguém muito criativo e, assim, criaram-se estereótipos, como usar gravata com estampa do Mickey ou vestir roupas com cores extravagantes e meias coloridas etc.

## NOVO PERFIL DO PROFISSIONAL DE MARKETING

O modelo administrativo classificado como gestão por competências destaca conjuntos de competências tanto técnicas como comportamentais, hoje denominadas soft e hard skills, necessárias para a preparação acadêmica e mercadológica do profissional da área. Criatividade e inovação se mantêm como competências importantes, porém outras vieram a somar para bem compor o perfil profissional, por exemplo conhecimento de TI, capacidade de trabalhar em equipe, visão holística, pensamento no presente, mas criar o futuro.

Selecionamos quatro desses conceitos fundamentais. Leia e reflita sobre eles para melhorar a qualidade de seu raciocínio:

1. Mesmo que você tenha "certeza absoluta", admita que todas as certezas são sempre relativas ao tempo e ao espaço. Até o século XX, a ideia de que o homem pudesse voar era tida como absurda.

2. A diferença básica entre falar e ouvir é que, enquanto ouve, você não erra. Entretanto, se você fala, pode discutir sobre o assunto, e o debate sadio é a melhor maneira de fomentar o processo criativo.

3. Uma informação só deve ser entendida como completa quando satisfaz às perguntas básicas de sua consciência: quem, onde, quando, como, por quê?

4. O conteúdo de uma informação não se restringe ao texto ou às imagens comunicadas. Na mensagem, está a "alma" de quem passa a informação. Portanto, não avalie apenas

o que você ouve e vê. A mensagem está completa apenas quando você consegue identificar os propósitos de quem comunica. Estamos falando de intenção, empatia, percepção, sentimentos.

## CURIOSIDADE: ARMA CERTEIRA PARA O MARKETING

Para muitos, o profissional de marketing deve apresentar características específicas. Isso é verdadeiro, mas não significa que elas não possam ser trabalhadas e desenvolvidas. Na realidade, o conceito de competências está associado às habilidades, e toda habilidade pode e deve ser aprendida, treinada e desenvolvida. Curiosidade é uma delas.

A curiosidade vai deixar o profissional à frente porque ele terá mais conhecimento. Informação vale muito na vida de qualquer profissional. Como desenvolver a curiosidade? Não é uma pergunta fácil, mas é possível resumir a resposta a apenas "buscando informação". Não se conformar com o simples, com o óbvio, com o prático, com o acessível. Queira mais! Essa inquietude é o que caracteriza o curioso. Em marketing, isso vale ouro.

Outro ponto importante é saber despertar a curiosidade do outro. Instigar a imaginação, desafiar o conhecimento, brincar com esse comportamento tão humano que é a curiosidade. Isso funciona muito em marketing! Em 2021, a Fanta lançou o refrigerante Fanta Mistério, fazendo suspense sobre o sabor. Na verdade, a marca trouxe os sabores tradicionais, mas envazados em um vasilhame escuro que suscitava a curiosidade dos consumidores.

Inovação e criatividade são competências interligadas e complementares, porém suas práticas estão desassociadas. É possível acrescentar ainda um tempero especial: imaginação. Estudiosos definem criatividade como: inventividade, inteligência e talento, natos ou adquiridos, para criar, inventar, quer no campo artístico, quer no científico, esportivo etc. Ao passo que inovação é a exploração com sucesso de novas ideias. O conceito de inovação é bastante variado, dependendo, principalmente, de sua aplicação. Entre as várias possibilidades de inovar, as inovações de produto ou processo são conhecidas como inovações tecnológicas, com possibilidade de recursos diferenciados. Já imaginação seria a habilidade de gerar imagens mentais e transcender os limites da realidade. A fantasia capacita o ser humano a conceber um universo paralelo.

Na prática, esses conceitos podem ser assim representados:

1. **Criatividade:** criação de uma máquina que para o teletransporte de materiais = descoberta, invenção.

2. **Inovação:** uso de uma cadeira para subir e trocar a lâmpada queimada = inovação na utilidade da cadeira. A inovação é factual.

3. **Imaginação:** imaginar o céu na cor verde-oliva, com todos os detalhes, idealizar = imaginação é o pleno uso do pensamento, livre de críticas; devaneio; sonho.

É comum associar essas três funções ou competências e tratá-las como sinônimos ao atribuir extrema imaginação a quem dá provas de criatividade. Na realidade, a capacidade de inovar destaca o pensamento criativo, mas imaginar não é ter pensamento criativo; é meio, e não fim. Para imaginar, a mente utiliza aleatoriamente os registros e os processa sem critério. Pensamentos criativos exigem um processamento criterioso, apesar de o princípio ser aleatório. Qualquer pessoa pode ter imaginações sem sentido, que rapidamente serão esquecidas, sem deixar vestígios. No pensamento criativo, também podemos imaginar algo sem sentido, mas permanecerão lembranças lógicas e, muitas vezes, produtivas.

Thomas Edison costumava deixar os pensamentos vagarem quando se via diante de um problema de difícil solução. Tinha por hábito até mesmo dormir para que o cérebro, livre de qualquer interferência, pudesse processar tudo sem o controle da razão. Ao analisar os resultados práticos obtidos, podemos admitir que o método era funcional.

Ocorre, entretanto, que o cérebro não processa o que não conhece. Se a pessoa não tem nenhum conhecimento sobre física nuclear, dormir não vai fazer com que tenha pensamento criativo. Imaginar é possível, mas não restará qualquer registro satisfatório. Apesar de não pretendermos abordar aqui a genialidade, devemos considerar a exceção a essa regra, pois gênios existem, embora nem sempre sejam reconhecidos. É possível que você conheça e até mesmo conviva com um deles. O pior é que, em alguns casos, eles passam a vida toda sem reconhecimento, respeito e aproveitamento produtivo.

Sabemos que criatividade é um modo de pensar e que o pensamento ocorre com base em registros (informações). Por isso, a qualificação da informação é fundamental para fomentar a criatividade bem como é também essencial despertar interesse específico. Pelo interesse, a pessoa obtém a informação e, então, a processa, gerando registros qualitativos. Esse é o alicerce do pensamento criativo.

# BOM HUMOR

Há um conceito social que associa o bom humor à inteligência. Pelos exemplos e pela experiência, não há como contestar. De fato, pessoas bem-humoradas demonstram naturalmente inteligência, enquanto os macambúzios apresentam, quase sempre, dificuldade para entender os acontecimentos cotidianos. Não podemos afirmar qual deles é decorrente do outro, mas as evidências bastam para que se aceite o conceito.

Ora, se a pessoa tem registros mentais suficientes para dar várias versões da mesma informação, e uma delas é bem-humorada, fica caracterizada uma situação de amplitude intelectual. Se, no entanto, tem poucos registros e, por isso, não consegue produzir versões imediatas, terá poucas chances também de manifestar espírito criativo.

Portanto:

1. Demonstrar bom humor é evidenciar inteligência;

2. Reunir grande quantidade de informações pertinentes a determinado assunto é o mesmo que prover o espírito de tranquilidade e segurança nas relações interpessoais, já que estas são condições inerentes à imagem dos bem-humorados;

3. O mal-humorado pode assim o ser por ignorância (falta de registros ou inabilidade para processá-los) ou problemas orgânicos.

## OS QUATRO TIPOS DE RACIOCÍNIO

Não há apenas estilos de aprendizagem, mas também estilos preferidos de pensamento e raciocínio. Anthony Gregorc, professor da Universidade de Connecticut, classificou quatro tipos de pensamento:

1. Sequencial concreto;

2. Aleatório concreto;

3. Aleatório abstrato;

4. Sequencial abstrato.

Cada um desses estilos é eficaz à sua maneira. O importante, contudo, é descobrir qual deles funciona mais para cada pessoa. Conhecendo o próprio estilo, você pode analisar melhor os outros. Isso ajudará a compreender as pessoas e a se tornar mais flexível.

Os pensadores sequenciais concretos baseiam-se na realidade e processam as informações de maneira ordenada, sequencial e linear. Pessoas com esse estilo consideram que a realidade é o que podem detectar pelos sentidos. Elas percebem e lembram mais facilmente de detalhes e se recordam com mais facilidade de fatos, informações específicas, fórmulas e regras. Gostam de colocar a mão na massa e costumam dividir os projetos em fases específicas.

Os pensadores aleatórios concretos são experimentadores. Costumam basear o raciocínio na realidade, porém estão sempre abertos a outras abordagens por meio de tentativas e erros. Em razão disso, costumam dar "saltos intuitivos" necessários para o verdadeiro pensamento criativo. Eles têm forte necessidade de encontrar novas alternativas e de fazer tudo à própria maneira.

Os pensadores aleatórios abstratos organizam informações por meio da reflexão. O mundo real, para eles, é o mundo dos sentimentos e das emoções. Eles absorvem facilmente ideias, informações e impressões e as organizam pela reflexão. Costumam sentir-se tolhidos em ambientes muito estruturados e têm grande facilidade de aprender por associação.

Os pensadores sequenciais abstratos gostam do mundo da teoria e dos pensamentos abstratos. Preferem pensar em conceitos e analisar informações. Tornam-se facilmente grandes filósofos e cientistas. Seus processos de raciocínio são lógicos, dedutíveis e intelectuais e uma de suas atividades favoritas é a leitura. Em geral, preferem trabalhar sozinhos, e não em grupos.

## ENTREVISTA COM MARCO ANTONIO

Marco Antonio era um profissional da Souza Cruz quando conheceu Luiz Roberto Kallas. Ficaram amigos e nascera uma mútua admiração entre os dois profissionais. Essa amizade completou trinta anos. Nas palavras de Marco Antonio, Luiz Roberto Kallas conseguia ter como cliente a Souza Cruz e a Philip Morris, dois grandes rivais da época. Vários projetos especiais de caráter inovador foram feitos, por exemplo a sala Carlton, no aeroporto Santos Dumont, primeira sala patrocinada dentro de um aeroporto. A amizade foi se solidificando a ponto de Luiz Roberto Kallas oferecer a Marco Antonio a gerência da Kallas no Rio de Janeiro. Tempos de muito trabalho, mas com sucesso. Em 13/2/1998, o terminal de passageiros do aeroporto Santos Dumont foi destruído pelo fogo. A Kallas perdia ali seu melhor espaço, mas sem desanimar iniciou uma corrida por novos ativos. Por motivos pessoais, Marco Antonio precisou sair da Kallas, foi então que ele trouxe de São Paulo um jovem empreendedor, dedicado e inteligente para negócios: Rodrigo Kallas.

Vale ressaltar que o que se seguiu foi desafiador para quem trabalha com marketing: houve restrição a propagandas de cigarro. Isso obrigou todos a buscarem novos caminhos, tanto para divulgar as empresas de cigarros de alguma maneira como para manter no mercado as empresas de marketing. É nesse ponto que o profissional criativo se distingue. Experiência, conhecimento, contatos e um currículo estupendo fizeram com que Marco Antonio se reposicionasse, associando seu nome a empresas como a Coca-Cola internacional. Ele voltou a fazer negócios com a Kallas e levou também outros clientes, como a Castrol.

Em 1997, a Embratel desenvolveu uma campanha com o slogan Faz um 21, que ficou na memória dos brasileiros. Foi um trabalho árduo com a agência da própria Embratel. A responsabilidade de Marco Antonio era selecionar os pontos importantes da cidade onde seriam instalados os painéis. No Rio de Janeiro, dois se destacaram: um gigantesco na Avenida Presidente Vargas e outro na Avenida Beira Mar. Ana Paula Arósio, no auge da carreira, imortalizou a campanha.

Em 2003, a Telefônica fazia a transição para a Vivo e o contratou. Aproveitando a ideia anterior, foram criados painéis gigantescos também, mas dessa vez com o bonequinho da marca.

Outra história muito interessante diz respeito à criação de um painel gigantesco para a Tam, o qual ocupava toda a ponta do estacionamento do Santos Dumont, onde hoje é uma estação do VLT. Foi incrível, inovador, avassalador e poderia se dizer que incomodou outras empresas aéreas. A Varig chegou a afirmar que um avião cairia em cima do painel.

A instalação demorou três meses. Vale ressaltar que a região é toda proveniente de aterro. Portanto, exigiu engenharia meticulosa para a fundação. Houve alto investimento para a instalação e uma confusão ainda maior para a retirada. Daí, ele foi reinstalado no caminho para Guarulhos e recebeu o prêmio de maior painel da cidade.

## Lema da Kallas: missão dada, missão cumprida

Era final de 1997 quando Eni foi convidada para uma reunião cuja pauta incluía um termo de confidencialidade para entrar na concorrência do Ponto Frio. A Kallas deveria visitar e levantar os dados de 285 lojas do Ponto Frio em 183 cidades. Luiz Roberto Kallas recrutou um grande número de colaboradores da empresa e todos foram visitar as respectivas lojas, fotografando e levantando dados específicos. O trabalho foi executado com louvor e em tempo hábil, de modo que ganharam a concorrência. Mas o maior sufoco viria a seguir: a Kallas tinha apenas 15 dias para instalar tudo!

A Kallas produziu as peças e as cobriu com tela preta para que todas fossem expostas no mesmo dia e horário. Fomentada pelo suspense até a data da revelação, a curiosidade do público foi tanta que foi necessário contratar seguranças para não violarem a tela preta e rendeu muitos fatos engraçados.

A diretora de uma das lojas pegou uma escada e se pôs a subi-la para descobrir o mistério. Mas esqueceu que seu vestido era curto e passou por um vexame incrível.

Não é necessário dizer que a campanha foi um absoluto sucesso.

## Ver o que ninguém mais viu

Luiz Roberto Kallas procurava pontos para a Mastercard quando encontrou Sílvio, um amigo dos tempos do Centro de Preparação de Oficiais da Reserva (CPOR) que morava na Avenida Paulista, bem em frente à sede do Banco Real. Os dois fizeram um acordo, em cujos termos o amigo autorizava a instalação de um painel no jardim de casa. Pela concessão, Kallas pagaria US$ 1 mil por mês. Mas a localização favorável fez com que procurasse o Banco Real e oferecesse o espaço altamente privilegiado. O Banco Real pagou US$ 10 mil por mês pelo painel, que permaneceu ali por muitos anos.

Um fato inusitado sobre essa história: certo dia, Kallas levava seu filho a uma festa na casa desse amigo. A intenção era deixar a criança ali e buscá-la depois. Mas Sílvio o pegou pelo braço, o levou para o escritório e perguntou se poderia ajudá-lo de alguma maneira naquele momento de dificuldade financeira.

— Mas não estou em dificuldade financeira. A empresa está indo muito bem!

— Então algo está muito errado! Não recebo o valor relativo ao painel há uns seis meses, pelo menos!

No dia seguinte, Kallas verificou no setor de pagamentos da empresa que o valor era religiosamente trocado por dólar, mensalmente, como combinado. Ao investigar o fato, porém, descobriu que um dos colaboradores desviava o dinheiro para jogar no bicho!

## SEM ESTRATÉGIA NÃO HÁ MARKETING

Para ser mais preciso: onde não houve estratégia dificilmente haverá marketing. Porque nem sempre você pode justificar o sucesso de um empreendimento pela qualidade do marketing, já que este não existiu.

### Nem tudo é marketing, mas sem marketing a empresa não é nada.

Uma rede de pizzaria, por exemplo, pode ter um superfaturamento e o sócio nunca ter se empenhado na elaboração de qualquer projeto para melhorar o próprio negócio. Tudo ocorreu apenas por causa das circunstâncias socioeconômicas ou até mesmo pelo fator *sorte* – porque sorte é sorte, e isso não se discute! Mas, do mesmo modo que ele foi beneficiado ao longo de bons anos com lucros contínuos, pode também repentinamente despencar sem um plano alternativo para recorrer. Isso porque não houve uma estratégia, um planejamento que acompanhasse as atividades da empresa. É necessário olhar atento e propósito. Saber o que se pretende alcançar, quando, como, onde. Isso não quer dizer que o planejamento deva ser rígido. Pelo contrário: é necessário estar preparado para adaptações, ceder em uma negociação, mudar estratégias. É essencial perceber que o plano de marketing, por melhor que seja, será aplicado em um mercado por si só oscilante, competitivo, surpreendente.

# O *CASE* ESPETACULAR DA UOL

## ENTREVISTA COM RICARDO DUTRA

Ricardo Dutra foi diretor de marketing da PagSeguro até fevereiro de 2016. Depois, passou a ser diretor-geral e, por isso, participava mais ativamente das questões de marketing. Desse período em diante, houve um melhor direcionamento dessas atividades.

O trabalho com a Kallas iniciou em 2015, quando Ricardo conheceu Rodrigo Kallas em um evento promovido pela Meio & Mensagem. Na ocasião, Rodrigo mencionou a transformação que estava promovendo na empresa, passando da mídia exclusivamente analógica para a digital. Concomitantemente, a PagSeguro fazia vários lançamentos, como o nome Moderninha e outros serviços online.

Ricardo Dutra comentou sobre sua incredulidade em OOH com Rodrigo e disse que precisava testar esse tipo de mídia, desde que lhe fossem oferecidas boas condições. Então, começaram a fazer testes em São Paulo e, depois, em várias praças com maior proporção.

Para o lançamento da Moderninha, foram feitas peças em vários aeroportos, entre elas uma especialmente interessante se localizava na escada do aeroporto de Florianópolis. Por meio do fatiamento de uma imagem entre os degraus, ao olhar de frente o consumidor via o desenho de uma máquina Moderninha. Foi realmente um blockbuster.

Houve muitas outras peças interessantes, como a da ponte Rio-Niterói, no Rio de Janeiro. Pode-se dizer que, após os testes iniciais, foram feitas campanhas em quase todo o Brasil. A grande sacada do marketing da PagSeguro na época foi perceber que a mídia deveria ter alto impacto, já que o consumidor não pararia para ler um outdoor.

O argumento de mídia da campanha era convencer o consumidor de que ele deveria ter a Moderninha para fugir do sistema de aluguel de máquinas praticado pelas concorrentes da época. Um argumento contundente foi oferecer ao consumidor o cálculo pronto: três meses de aluguel pagam a propriedade da máquina. E isso se estendeu pelas estradas brasileiras, com pouco texto e imagem impactante.

As relações entre a PagSeguro e a Kallas cresciam e Ricardo Dutra percebeu que a mídia estática era legal, mas não oferecia a flexibilidade e a prontidão da mídia digital. Em pouco tempo, é possível alterar uma peça digital; no caso da estática, isso demora, embora o tempo de impressão da peça seja menor, sem falar nos custos da operação.

É importante lembrar que a PagSeguro nasceu em ambiente online. Por ser proveniente da Uol, tratava-se de uma empresa que investia bastante em ambiente digital e online. Esse ambiente facilita a medição e a identificação do mote que faz mais sentido para o cliente. Justamente pela facilidade de monitoramento e mensuração de resultados, a PagSeguro descobriu um tipo de internauta que se mantinha blindado às informações por banners. Ele simplesmente não lia a informação, ainda que lhe oferecesse grande vantagem. Na época, muitas pessoas não usavam a internet. Então, a PagSeguro percebeu a necessidade de disponibilizar a informação sobre a compra da Moderninha no caminho do consumidor, extrapolando o ambiente online. Uma iniciativa muito criativa foi feita no aeroporto de Congonhas, onde uma placa de 3,5 m de altura com a foto da Moderninha foi instalada: gigante, amarela e impossível de não ser vista.

Durante a pandemia de covid-19, na visão de Ricardo Dutra, a mídia OOH perdeu um pouco o sentido, uma vez que todos estavam em casa. Foram tempos difíceis, mas, aos poucos, ela vem voltando a ter protagonismo. E para o futuro? A mídia OOH não pode se dar o luxo de estagnar os processos. O diferencial estará na disponibilidade para o trabalho criativo. A vocação da empresa de OOH é todos os dias se superar, entender que, para o resultado criativo e surpreendente, é necessário trabalhar e antever estratégias. Quem sabe no futuro não seja possível contar com a realidade aumentada ao apontar o celular para uma placa estática e ver uma animação 3D em painel 2D? O importante é sair sempre da mesmice.

## Conquistar com inovação e criatividade: a visão de Suzana Ribeiro

*Luiz Roberto Kallas tem uma visão diferenciada para inovar em espaços de OOH. Um talento inquestionável para ver o que ninguém mais viu e, com isso, inovar e surpreender o cliente. Certa vez, ele aprovou na Tam – atual Latam – um megapainel no aeroporto Santos Dumont. Segundo Suzana, colaboradora da Kallas e atual responsável pelo Rio de Janeiro, o diferencial do painel era o tamanho: 800 m².*

*A placa ocuparia toda a ponta do aeroporto. Para a instalação, uma licença foi aprovada na prefeitura e foi feita a análise do solo, uma vez que o peso do painel requeria todo o cuidado possível.*

O *CASE* ESPETACULAR DA UOL

Depois de montado, faltava apenas inserir a lona e os holofotes. Quando soube da montagem, a Varig se dedicou a impedi-la. A cartada final foi argumentar no Departamento de Aviação Civil (Dac) que o painel colocaria em risco o voo dos aviões.

A Kallas foi obrigada a retirá-lo e guardá-lo por quase um ano. Foi quando Luiz Roberto Kallas teve outra ideia: o montou na via de acesso que levava ao aeroporto de Guarulhos. Com a iniciativa, ganhou o prêmio de maior painel do mundo em aeroportos.

Ainda sobre a relação com aeroportos, 90% do Tom Jobim, antigo Galeão, era da Kallas até ser privatizado. Na ocasião, a empresa declinou do convite para continuar e, inicialmente, a JCDecaux ocupou os espaços, mas não permaneceu. A Kallas, então, adquiriu os painéis que integravam as vias de acesso ao Tom Jobim, situados nas laterais da rota de acesso. A fachada do Píer Sul do aeroporto, revestida com painéis de alumínio colorido e vidro, tem no entorno o Jardim de Burle Marx, com lindas palmeiras que cresceram de tal modo a ponto de tamparem a visão dos painéis. Na época, a solução era levantar os painéis! Parece óbvio, mas o óbvio resultou em uma multa aplicada pela prefeitura do Rio de Janeiro. Sem entender o motivo, Suzana tentou argumentar e teve como resposta que a modificação da altura dos painéis não estava autorizada – mas não houve modificação da área! Abaixa as palmeiras que eu volto com a altura original! Dali em diante, os painéis passaram a ocupar a via central.

# A REJEIÇÃO NATURAL AO DESCONHECIDO

O ser humano tem certa rejeição a tudo que desconhece. Quebrar rotinas não é naturalmente bem-vindo. Quando algo ou um fato impele a pessoa a sair da zona de conforto e rever seus pensamentos, automaticamente ocorre a rejeição. Pode-se afirmar que rever os conceitos já aprovados pelo bom senso e pelo conjunto de valores adquiridos ao longo da vida dá um pouco de preguiça. Apresentar um projeto também provoca essa reação.

Apresentar um projeto não rotineiro, avançado e diferente não é tarefa fácil. Luiz Roberto Kallas afirma que, diante desse tipo de projeto, o certo é absorvê-lo e fomentá-lo na mente. Quando a ideia amadurece, você passa a entender a grandeza dos processos e é exatamente nesse momento que nascem as novidades.

## Mudando o direcionamento

*Orlando Lopes, que atuava na diretoria da Unilever na ocasião, solicitou uma reunião com Luiz Roberto Kallas para discutir um modo de o sabão em pó Omo decolar em vendas no Rio de Janeiro. Após avaliar todas as iniciativas de marketing, Luiz Roberto Kallas concluiu que um pequeno detalhe mudaria todo o processo. A campanha que havia sido feita tinha como foco a mulher paulistana, não a mulher carioca. Segundo ele, a mulher carioca delegava às colaboradoras a compra de produtos de limpeza. E as colaboradoras não moravam na zona sul. Era necessário migrar a campanha para a zona norte e subúrbios. Quando o projeto da Kallas foi apresentado à Unilever, causou* um estranhamento instantâneo e rejeição quase que automática. Contudo, Orlando Lopes já conhecia a grande experiência da empresa, por isso ousou e aceitou fazer as alterações propostas. Então, enveloparam os trens da Supervia com a imagem do sabão, bem como estações de trens e a barca Rio-Niterói.

O resultado foi confirmado por Orlando Lopes, anos depois, quando palestrava para a Kallas. A Unilever ganhou todos os prêmios do mundo e cresceu 23% apenas no Rio de Janeiro.

# PODEMOS DEFINIR MARKETING COMO ESTRATÉGIA?

**MARKETING COMO DIFERENCIAL** é algo do século XX. A indicação de Alexander Fleming para o prêmio Nobel de fisiologia ou medicina, em 1945, com Ernst Boris Chain e Howard Florey, merecia na época algum destaque nos grandes jornais do mundo. Mas só isso. O rádio ainda era incipiente, a televisão nem se fala.

Talvez milhares de vidas pudessem ter sido salvas se esta notícia tivesse explodido na mídia da época:

## EXTRA, EXTRA, cientista inglês descobre remédio que CURA A TUBERCULOSE!

Ocorre que estas duas palavras, *estratégia* e *marketing*, assumiram uma "parceria semântica" há poucas décadas com a evolução da ciência da informação. Os computadores, é bem verdade, vieram para facilitar a vida da humanidade e não conseguimos, hoje, imaginar um mundo sem internet. Mas em qual princípio se sustentam todas as estratégias?

Ninguém consegue estabelecer uma estratégia – seja para qual desafio for – se não dominar conhecimentos específicos sobre o tema.

Veja:

1. Se você pede que alguém faça uma pequena dissertação de apenas quatro linhas sobre os ararás dos indígenas urubus, fica difícil se a pessoa não souber o que são ararás.

2. Suponha que alguém encomende a você um novo projeto de noetes destinados para o público feminino. Noetes? Não sei do que se trata.

Vamos lá: em primeiro lugar, entre os indígenas urubus, ararás é a designação comum a pulseiras e adornos de plumas das saias femininas. Já noete é o rodízio em que se reúnem as varetas do guarda-chuva. Pronto, agora já seria possível começar os projetos.

Ora, ninguém consegue pensar sobre o que não conhece. Ninguém pode criar uma estratégia – por mais simples que seja – para aumentar as vendas ou melhorar a produtividade de qualquer produto se não o conhecer bem. O máximo que conseguiria fazer seria "chutar para ver se dá certo".

## ARMAZENANDO CONCEITOS DE OUTRAS ESTRATÉGIAS

"Eu prefiro ser essa metamorfose ambulante do que ter aquela velha opinião formada sobre tudo", já dizia Raul Seixas, embora nem sempre isso seja possível. Todos nós precisamos ter uma explicação para o que vemos, ouvimos e sentimos. Isso é da natureza humana. Para suportar esse "dilema existencial", o ser humano socorre-se, a princípio, de conceitos admitidos pela sociedade como verdadeiros. Veja o exemplo: mesmo sem entender profundamente de música ou pintura, admite-se que Chopin foi um grande compositor e Picasso, um grande pintor. Admitimos isso por "importação", e não por reflexão. Porque mesmo sem entender do assunto, temos um conceito pronto sobre ele ou, se não o temos, procuramos por um imediatamente. Isso é da natureza humana.

Por meio de mecanismos intelectuais, importamos conceitos sobre beleza, segurança, qualidade, comportamento social etc. Sequer pensamos sobre determinados assuntos, mas temos conceitos formados sobre eles.

A propaganda depende disso. Perceba como os comerciais de televisão impõem conceitos como "é o melhor", "é o mais saudável", "não faz mal" etc. E, muitas vezes, nós aceitamos esses conceitos sem questionar. E o mais interessante: aceitamos e repassamos para os outros como se fosse nossa opinião. Esse fenômeno foi muito recorrente no período da pandemia de covid-19, quando explodiram as *fake news*. O indivíduo recebia uma notícia no celular como se ela fosse proveniente do mais renomado infectologista da Anvisa e a aceitava como verdade. Em pouco tempo, a fraude era desvendada e a mentira, revelada. Mas como as pessoas caíam nesse golpe? Não verificavam nem mesmo se a referência era verdadeira! Por que deveriam verificar se o remetente da mensagem era a própria mãe? Note que, nesse caso, dois fatores endossavam a verdade da mensagem: o profissional especialista e a influência primária da figura materna.

Sob essa perspectiva se sustentam as pesquisas quantitativas: quando precisamos comprar um produto e ainda não decidimos qual ou de quem comprar, as pesquisas se encarregam de nos fazer decidir. Por isso, as empresas apresentam dados consolidados, normalmente endossados por institutos de pesquisas, que mostram produtos ou marcas específicas adquiridos pela maioria das pessoas. O mesmo princípio é válido nas eleições políticas. Candidatos e partidos reforçam mensagens que mostram, por exemplo, 80% das intenções de votos para o candidato A, 30% para o candidato B e 8% para o candidato C. Para os eleitores indecisos, essa maioria influencia diretamente na escolha.

Ainda sobre pesquisa, mas agora sob o ponto de vista qualitativo, comunicar que 80% consomem o produto e estão muito satisfeitos completa o raciocínio.

## CREDIBILIDADE DA FONTE

Como dito anteriormente, ninguém consegue ter opinião formada sobre tudo. Diante disso, admite opiniões alheias como verdades e as incorpora como absolutas a seus registros mentais. Isso, porém, depende fundamentalmente da credibilidade da fonte.

Você pode nada entender de medicina. Ao ouvir, no entanto, um médico infectologista explicar com embasamento a eficiência de uma vacina, você naturalmente aceita aquela verdade. Isso ocorre também quando um meteorologista fala sobre a previsão do tempo; um engenheiro, sobre pontes; um juiz, sobre leis; e assim por diante.

Daí a importância da escolha de quem representará sua empresa ou marca na publicidade. Não é estratégico contratar uma pessoa apenas pelo sucesso instantâneo dela, pois credibilidade não se sustenta somente em números, a menos que o ciclo de vida do produto descreva uma moda, ou seja, não se pretenda que o produto ou serviço permaneça mais tempo no mercado que o sucesso da pessoa escolhida para divulgá-lo. Ou, ainda, o produto esteja apenas usufruindo da fama circunstancial de alguém para atrair uma fatia específica de público, como ocorreu no caso do ex-big brother Gil do Vigor. As empresas que utilizaram a imagem dele já estavam consolidadas no mercado e não deixaram de aproveitar a oportunidade de incrementar a imagem e atribuir jovialidade e moda à marca. Porque, no fundo, todos sabem o tempo que a imagem vai se manter no mercado e o quanto a Rede Globo se empenhará para estender isso ao máximo.

Às vezes, entretanto, esse crédito não é dado a pessoas, mas, sim, à sociedade em si. Por exemplo: se todos dizem que uma atriz é a mulher mais bonita do Brasil, tendemos a admitir isso como verdade e, consequentemente, a incorporamos mesmo que no fundo não a achemos tão bonita assim.

É por isso que, por exemplo, as pessoas evitam andar nuas na rua, falar palavrão na igreja, falar alto em hospital etc. Evitamos esses comportamentos porque há um consenso de que são inadequados à vida social. Não elaboramos esses conceitos: simplesmente os admitimos como nossos porque todos acreditam que deve ser assim, são criados pelas crenças, pelos paradigmas, valores e, com isso, o perfil da comunidade é criado.

**É a fonte que dá credibilidade à notícia. Quem dá a notícia ou emite um conceito é mais importante que a própria notícia ou o próprio conceito.**

## ENTREVISTA COM MAURO CHEMALE

A ideia de escrever este livro talvez tenha surgido durante a pandemia de covid-19. Com o objetivo de "pensar" novos caminhos pós-pandemia a fim de que não "afogássemos", a Kallas criou o Grupo de Inovação para um *brainstorming* virtual. Chegaram à conclusão de que não havia nada a fazer, mas concluíram que a Kallas tinha espaço para que outras pessoas o fizessem. A invenção seria proveniente deles. Foi quando a esposa de Mauro, Adriana Frazão Chemale, levantou uma questão interessante: o diálogo com as agências estava cada vez mais difícil porque os jovens profissionais que lá atendem não querem conversa. Quando o contato ocorre diretamente com o dono da empresa, tudo fica mais fácil: marca-se uma reunião, talvez um café, e tudo se resolve ali. Com as agências, não é tão fácil assim. Foi quando surgiu a ideia de reunir cinco filhos de colaboradores da Kallas para saber a visão deles, visto serem pessoas que "vivem" esse negócio em casa e, por isso, estão acostumados a ouvir os pais falarem sobre esse trabalho. O resultado foi um choque. A própria filha de Mauro, que vive essa realidade desde o avô, mostrou-se descrente do resultado de OOH e citou outras mídias, outras situações. Mauro a instigou a falar mais, sugerindo situações como a da Broadway, que é um verdadeiro mundo OOH. Se estivesse lá, ela estaria olhando para o celular ou para cima? Ela respondeu, obviamente, que estaria olhando para cima. Concluiu-se, então, que era necessário voltar às faculdades para mostrar aos novos profissionais que a mídia OOH jamais morrerá, porque as pessoas não deixarão de ir às ruas. Pode-se criar outras mídias, outros elementos, mas a rua sempre existirá e as pessoas transitarão por ela. Por isso, é necessário refletir sobre a qualidade da mídia OOH, sua constante modernização e seu vanguardismo.

Com este livro, pretendemos mostrar para os estudantes da área de marketing que a mídia OOH nunca morrerá e é responsabilidade deles saber usá-la adequadamente.

## REAL E IMAGINÁRIO: PERCEPÇÕES FUNDAMENTAIS

Por milênios, o homem sequer suspeitou que a Terra fosse redonda. Os antigos hindus, por exemplo, acreditavam que o nosso mundo era uma imensa plataforma sustentada por enormes elefantes brancos. Isso, para eles, era real. Os indícios mais concretos de que a Terra era redonda surgiram apenas nos primeiros tempos da Idade Média. No entanto, na mente da maioria das pessoas daquela época a verdade era a mesma de antes.

Podemos afirmar então que as verdades são apenas circunstâncias intelectuais. Esse axioma torna-se extremamente importante quando se fala em marketing. O que hoje para nós é verdade, no futuro pode não o ser. Logo, todas as nossas verdades, por mais corretas que nos pareçam, têm relatividade temporal. Todas elas, inclusive as que acreditamos serem definitivas hoje em dia.

Com a aquisição de novos conhecimentos, as "antigas verdades" são substituídas por novas realidades, sempre atuais até que "outras verdades" ocupem esse espaço. Cientes dessa propriedade da inteligência, podemos tirar algumas conclusões:

1. Nada pode garantir que alguém aparentemente tolo por suas crenças seja, de fato, tolo.

2. As verdades de cada um não se restringem ao campo da razão, elas podem resultar da imaginação ou até mesmo da fé e não deixam de ser verdades.

3. As verdades de uma pessoa jamais devem ser comparadas qualitativamente com as verdades de outras.

Por isso, para melhorar a inteligência, é necessário atentar a estas duas regras básicas:

a) Reavalie permanentemente as próprias convicções com base nas verdades dos outros.

b) Admita que o simples fato de existir basta para que algo seja considerado verdade, ainda que não tenha existência real. A pessoa que tem medo de fantasmas não é tola, pois para ela o fantasma é real. Tolice é não admitir isso. Então, devemos sempre considerar real o fruto da imaginação.

O grande despertar da humanidade, com suas descobertas e invenções revolucionárias, teve origem em um único sinal imaginativo que ampliou os horizontes do conhecimento. Apenas por insight – como afirmaram Descartes e Jung – o homem pode ter um pensamento inventivo; jamais pela razão. Como nenhum insight provém da razão, mas, sim, da imaginação, e a imaginação é construída de maneira aleatória (aleatória, mas com base em registros reais da memória), nossa criatividade será mais profícua quanto mais assimilarmos outras verdades em nossos campos de possibilidades. Isso quer dizer que, quanto mais você abrir a mente para captar as verdades alheias, mais chance terá de "produzir" grandes ideias.

Como ilustração, veja como Ariano Suassuna "produziu" *O auto da compadecida*, como Monteiro Lobato "produziu" *Sítio do picapau amarelo* ou como Aldyr Blanc "produziu" *O bêbado e a equilibrista.* Veja e conclua como é possível "sair da realidade" para produzir genialidade.

## "CONSTRUÇÃO" DE ARGUMENTOS

Com a nossa experiência em negociação, sabemos que a construção de argumentos é fundamental para fechamentos bem-sucedidos. Porque em negócios não se pode haver indecisão; é necessário ter respostas para tudo, mesmo para as perguntas que "você acha" que nunca serão feitas. É necessário ter respostas sempre! Assim, para construir argumentos poderosos, habitue-se a perguntar a si mesmo: E se? Essa é a chave. Muitas vezes, quando a negociação já está praticamente fechada e o cliente está de caneta em mãos para assinar o contrato, ocorre uma pergunta inesperada, quase vulgar: "e eu posso desistir do negócio?" Nessa hora, você não pode titubear.

Os profissionais de marketing das grandes corporações têm pleno domínio dessas situações. Eles têm como regra intelectual pensar exaustivamente em cada fase dos programas, perguntar sempre, desconfiar ainda mais, questionar tudo. A regra é usar e abusar da regrinha "e se?" Nenhum "e se?" pode ficar sem resposta. Quem elabora campanhas deve ter a capacidade de antecipar problemas, de criar cenários. Usamos esta frase com certa constância: "quando elaboramos uma campanha publicitária, temos de conviver com vários riscos. Inclusive com o risco de dar muito certo!"

Existe uma técnica de questionamento chamada heurística, palavra grega que significa "questionar", "perguntar".

Quando se trabalha com esse recurso, não se pretende encontrar respostas, e sim antecipar problemas, construir cenários futuros. No livro *Criatividade e marketing*, Roberto Duailibi e Harry Simonsen Júnior apresentam como trabalhar com a heurística e disponibilizam uma régua para explorar esse recurso.

Apresentamos a seguir um disco heurístico adaptado e ampliado do livro citado:

Disco mercadológico e acadêmico de negociação e vendas.
Fonte: adaptado de *Criatividade e marketing*.

Criar uma campanha é um processo que exige estratégia, inteligência e inspiração, e o ideal é não se dar o luxo de parar para pensar na próxima pergunta. A seguir, listamos perguntas de antecipação de problemas e criação de cenários. Memorize-as. Você pode ter de complementar a lista com perguntas próprias. Os asteriscos indicam as perguntas mais indicadas. Você pode usar a maioria delas com produtos e serviços a serem divulgados.

Confira:

**Quem**

- Quem será o usuário principal desse item?
- Quem estará a seu lado para auxiliar na tomada de decisão?
- Quem já tem um desses?
- Quem entre as pessoas conhecidas já tem um desses?
- Quem recomendou nossa loja para você?
- Quem será o responsável pela manutenção desse produto?
- Quem está interessado em adquirir esse novo produto?
- Quem está incluído em sua lista de convidados?
- Quem é o fabricante preferido desse tipo de produto?
- Quem está em sua lista de compras do mês?

## O Que/Qual

- O que trouxe você a nossa loja hoje?

- Qual ocasião especial motivou você a vir?

- Que tipo de produto você já tem?

- Agora, o que você gostaria de adquirir?

- Quais características são imprescindíveis para você?

- Já viu algo em nossa loja que agradou você?

- Quais são suas expectativas em relação a seu novo colchão?

- Qual é sua cor preferida? Ou quais combinações de cores você acha mais interessantes?

- Que estilo de decoração você tem em mente?

- Qual é o seu tamanho?

- Em qual ambiente você pretende utilizá-lo?

- Como você gostaria de compor seu visual?

- Qual é a sua profissão?

- De qual você acha que seu marido gostaria mais?

- Com qual frequência você costuma pintar sua casa?

- Quantas vezes pretende utilizar esse produto?

## Onde

- Onde você encontrou um produto semelhante que tenha lhe agradado?
- Onde ele será utilizado?
- Qual é seu destino de viagem?
- Onde você mora (ou de onde vem)?
- Onde será o evento?

## Como

- Como você soube da nossa loja?
- Como você gostaria que fosse seu sofá novo?
- Como você se decidiu por este modelo?
- Como você pretende usá-lo?
- Como é o seu marido?

## Quanto

- Há quanto tempo você está procurando?
- Quantas pessoas tem a sua família?
- Quanto tempo falta para a festa?

## Por que

- Por que você prefere de algodão?

- Por que é importante ser azul?

- Por que você está preocupado com a durabilidade?

É no "E se?" que os grandes gênios do marketing se ancoram enquanto constroem seus argumentos.

Há aspectos que devem ser questionados antes de iniciar o processo de construção de argumentos. Vejamos:

1. É fundamental, nesse momento, rever nosso plano de marketing?

2. Esse momento é ideal ou há algo que recomende adiar o plano?

3. Eu tenho todos os dados em mãos ou necessito de mais dados?

4. Se eu preciso de mais dados, onde devo obter e/ou a quem devo recorrer?

5. Se eu não fizer nada agora, qual é o risco de tudo piorar a curto ou médio prazo?

6. Será que tenho total competência para executar esse programa?

7. Preciso de mais alguém para trabalhar comigo nesse programa?

**8.** Como o insucesso desse programa pode comprometer nossa estrutura empresarial?

Respondidas as questões anteriores, pare de pensar no assunto. Recomece no dia seguinte e, então, julgue de acordo com sua intuição. Antes, escolha entre estes dois provérbios: "mais vale um pássaro na mão do que dois voando" e "para bom entendedor, meia palavra basta".

# PROPAGANDA: A ARTE DE "PRODUZIR" PENSAMENTOS

## MARKETING E SOCIEDADE

Grande mestre do turismo brasileiro, Francisco Rizzotto fez o guia RDE, que, na época, era dado aos clientes do Duty Free Shop. Seu filho, Rodolfo Rizzotto, grande conhecedor e pesquisador das estradas brasileiras, fez uma relação de 150 pontos críticos, onde o índice de acidentes era alto. A ideia era levar essa relação ao Departamento de Estradas de Rodagem para que permitissem a instalação de painéis da Samsung nesses pontos, avisando sobre o risco de acidente aos motoristas.

A princípio, a análise de marketing apontava para o fato de que apenas os pontos do eixo Rio-São Paulo seriam importantes, mas, por outro lado, estes "pagariam" a permanência de todos os outros. A Samsung Brasil alcançou a posição de mais rentável do mundo e a segunda em faturamento. Como reconhecimento, o presidente da empresa foi promovido a presidente da marca na América Latina e transferido para o Panamá.

Este é um ponto importante sobre o marketing: é necessário que ele seja visto pela sociedade com positividade. A importância de saber aproveitar o espaço e a informação de modo a fazer o cliente entender que é importante, respeitado, valorizado e, é claro, está recebendo uma vantagem.

# NOSSOS PENSAMENTOS NÃO SÃO NOSSOS; O MÁXIMO QUE PODEMOS FAZER É REORGANIZÁ-LOS A NOSSO JEITO

O ser humano pensa por símbolos – entende-se que palavras também são símbolos. Esses símbolos são heranças culturais. À medida que aprendemos a falar, aprendemos a raciocinar. Assim, por mais que neguemos nossa origem, não podemos fugir desse débito. O simples fato de "poder pensar" é uma dívida do ser humano com sua nação. Por outro lado, é bom entender que os conceitos que servem de base ao nosso raciocínio foram "copiados" de terceiros.

Os conceitos do que é bom, ruim, melhor e pior têm caráter de temporalidade, e muitos deles são disseminados pela mídia para atender a interesses políticos ou comerciais. Muitas vezes, quando você acha que gosta de algo, na realidade está expressando um gosto "implantado" em você. Al Ries e Jack Trout escreveram um livro fantástico sobre o tema: *Posicionamento – Como a mídia faz a sua cabeça*. O bom, o ruim, o melhor e o pior são, quase sempre, planejados para que você pense desse modo.

Devemos considerar que a arte da propaganda consiste, basicamente, em "substituir" os conceitos de uma pessoa pelos conceitos do patrocinador. Simples assim. Portanto, se você, consumidor, desconhecer tal regra, com certeza em breve começará a repetir o que os patrocinadores querem que você repita. É assim que funciona.

Um exemplo típico é o conceito de moda. Para atender a interesses meramente comerciais e se sentir atualizado, o ser humano incorpora o senso estético produzido pela indústria da moda, a qual pode estar ligada ao vestuário, à música etc. Na realidade, não é o indivíduo que decide o que quer vestir ou ouvir; são os "outros" que decidem por ele. Para se manter inserido no contexto, o ser humano renuncia a seus prazeres mais íntimos em favor da opinião alheia. E a mídia agradece a "colaboração". Considere que nem tudo o que está na mídia é o melhor que você pode ouvir, ler ou ver.

Pode parecer estranho, mas é assim mesmo: a mídia tem compromisso direto com o projeto do patrocinador, que pode ser uma empresa, um partido político, uma seita religiosa ou uma celebridade instantânea, nem sempre com a verdade. Ela decide o que é melhor, e a você cabe apenas aceitar e, se possível, aplaudir. O patrocinador – por pagar – não quer que você tenha uma segunda opção. No entanto, o simples fato de entender a possibilidade de essa situação estar ocorrendo em seu "agora" pode despertar em você um profundo senso crítico. E desse senso surgem as verdadeiras convicções. Por isso, questione tudo o que ouvir, ler ou ver. É conveniente pensar assim:

- Será que Fulana de Tal é realmente uma grande cantora ou será mais um "produto embalado"?

- Será que a notícia do jornal traduz a verdade ou estão querendo induzir meu pensamento?

- Será que o que eu "acho ridículo" é ridículo mesmo ou essa ideia foi mais uma das que a mídia "jogou para o alto" e eu peguei ainda no ar?

Ao cliente crítico, cabe apenas um marketing mais inteligente, mais elaborado, mais criativo, mais arrojado. O crescimento do marketing, a qualidade, a ousadia e a inovação aparecerão somente se o público para o qual ele está voltado exigir isso.

## MODALIDADES DE MARKETING

O marketing é uma ferramenta essencial para qualquer negócio, com várias modalidades para alcançar diferentes objetivos. Cada modalidade tem as próprias estratégias e técnicas, a escolha correta pode fazer a diferença para o sucesso da campanha publicitária.

Uma das modalidades mais comuns é o marketing de penetração de mercado, que visa aumentar a participação de mercado de um produto ou serviço já existente. Isso pode ser feito por meio de várias estratégias, como redução de preços, promoções ou aumento da publicidade.

A estratégia de diversificação é outra modalidade de marketing que envolve a introdução de novos produtos em novos mercados. Isso pode ser arriscado, pois implica entrar em áreas desconhecidas, mas também proporciona grandes recompensas se for bem-sucedido.

Além dessas modalidades, existem outras, como marketing digital, marketing social, marketing de conteúdo e marketing de influência. Cada uma delas tem as próprias técnicas e estratégias, a escolha dependerá do público-alvo, dos objetivos da campanha e do tipo de produto ou serviço comercializado.

No entanto, independentemente da modalidade escolhida, o objetivo final do marketing é sempre o mesmo: entender o público-alvo e criar uma estratégia eficaz para alcançá-lo e persuadi-lo a agir. Isso pode envolver a compra de um produto, a inscrição em um serviço ou simplesmente a criação de consciência sobre uma marca ou causa.

Apresentaremos nas próximas páginas as principais modalidades existentes no mercado. Utilizadas de maneira adequada, podem trazer muito resultado para sua campanha.

## MARKETING OFFLINE

Também conhecido por marketing tradicional, é uma estratégia de promoção sem o uso de internet e redes sociais. Essa modalidade abrange uma variedade de meios e formatos, incluindo comerciais de TV e rádio, anúncios impressos, outdoors e eventos presenciais. Esse tipo de marketing é especialmente eficaz para empresas locais, pois possibilita atingir o público com base na localização em relação ao negócio.

Existem várias vantagens em usar o marketing offline. Por exemplo, ele possibilita alcançar pessoas que não têm conexão com a internet e oferece interação cara a cara, impossível no marketing online. Além disso, as campanhas de marketing offline podem ser contratadas com pouca antecedência, são perfeitas para campanhas políticas, favorecem a contratação exata do que você precisa e são valiosas para promover programas de fidelidade. O marketing offline, no entanto, também tem suas desvantagens. Ele pode ser caro em termos de mão de obra, tempo e investimento. Por isso, também tem alcance limitado em razão do custo.

Apesar da crescente popularidade do marketing online, o marketing offline ainda tem um papel importante a desempenhar e pode ser incrivelmente bem-sucedido na era digital. Ele possibilita um alcance mais direto de clientes em potencial, favorecendo a criação de relacionamentos – que as táticas online não conseguem replicar – entre a empresa e o público-alvo. Por oferecer ao cliente a oportunidade de experimentar produtos e marcas na vida real, é uma ferramenta valiosa para criar impressões positivas e duradouras.

O marketing offline é, portanto, uma estratégia de promoção eficaz que propicia às empresas alcançar um público mais amplo e diversificado. Embora tenha desvantagens, os benefícios superam esses desafios, tornando-o uma parte essencial de qualquer plano de marketing abrangente.

## MARKETING E MÍDIAS SOCIAIS

As mídias sociais se tornaram parte de nossas vidas, moldando a maneira como nos comunicamos, compartilhamos informações e interagimos uns com os outros. Trata-se de um termo que abrange sites e aplicativos com foco em comunicação, contribuição da comunidade, interação, compartilhamento de conteúdo e colaboração.

Do ponto de vista individual, as redes sociais permitem-nos manter contato com amigos, familiares e diversas comunidades, tornando uma necessidade básica e qualidade humana ser sociável. No entanto, o impacto das mídias sociais vai além das interações pessoais: elas também revolucionaram o comércio e as práticas empresariais. De acordo com a Global Web Index, 46% dos usuários de internet em todo o mundo acessam notícias em redes sociais e 40%, em websites de notícias. Isso indica o papel significativo que as redes sociais desempenham na divulgação de informações e na formação de opinião pública.

Sob o ponto de vista empresarial, a mídia social tornou-se uma ferramenta de marketing indispensável. As empresas usam essas plataformas para alcançar públicos em escala global instantaneamente. O grande número de horas que as pessoas passam diariamente em sites e aplicativos sociais os torna uma plataforma ideal para as empresas promoverem produtos e serviços. Além disso, as mídias sociais possibilitam às empresas a manutenção do relacionamento com seu público, a criação de conteúdo envolvente e o aumento de interação.

O uso eficaz dessa ferramenta, no entanto, requer planejamento estratégico. Por exemplo, um infográfico do Express Writers sugere que as postagens funcionam melhor com 40 caracteres ou menos, pois proporcionam 86% mais engajamento que postagens mais longas. De maneira similar, a postagem ideal no Instagram tem entre 138 e 150 caracteres, já que as legendas aparecem cortadas em cerca de 125 caracteres. Portanto, é recomendável manter sua cópia breve.

Recomenda-se que as empresas separem contas pessoais de mídia social e contas corporativas. Embora os perfis pessoais possam cobrir uma ampla variedade de tópicos, as contas corporativas devem publicar postagens estratégicas que se alinhem ao calendário editorial. Isso significa que, mesmo sem contas pessoais nas redes sociais, você ainda poderá executar atividades de marketing nas plataformas de mídia social de sua empresa.

Além do planejamento estratégico, construir uma posição forte no mercado também é crucial para os negócios nas redes sociais. As marcas devem não apenas mostrar produtos e serviços mas também expressar ideais e valores. Isso contribui para a criação de uma identidade bem definida e para a manutenção de um relacionamento próximo com o público.

Apesar das inúmeras vantagens, as redes sociais também têm desvantagens. Elas podem trazer efeitos negativos para a sociedade, como a difusão de desinformação, a promoção de comportamentos prejudiciais e a contribuição para problemas de saúde mental. Portanto, é importante usá-las de maneira responsável e estar ciente de potenciais impactos adversos. A mídia social remodelou nossas vidas e revolucionou as práticas comerciais. Ela proporciona inúmeros benefícios, desde facilitar a comunicação e o compartilhamento de informações até servir como plataforma para marketing e promoção de negócios.

## MARKETING DIGITAL

Convergência de todos os tipos de comunicação, o marketing digital tem evoluído rapidamente. Esse conceito abrange todos os recursos disponíveis no ambiente online, incluindo redes sociais, sistemas de busca e a própria internet. Com o crescimento exponencial do consumo de conteúdo por meio de plataformas digitais e compras em lojas virtuais, estamos caminhando para um futuro cada vez mais imerso no ciberespaço.

Esse universo digital é composto de uma série de atividades online de empresas ou indivíduos com o objetivo de atrair novos negócios, estabelecer relacionamentos e desenvolver uma identidade de marca. A comunicação digital é feita por meio de vários canais, como email, redes sociais, podcasts, videochamadas, blogs, sites e aplicativos de mensagens instantâneas.

As redes sociais são ferramentas indispensáveis para o marketing digital. Seja Facebook, seja Instagram, Twitter ou YouTube, é essencial criar perfis para a marca em, pelo menos, alguns desses espaços para melhorar o alcance da empresa. Além disso, existem várias ferramentas de marketing digital pagas, como Sales Hub, CMS Hub, Marketing Hub, Asana, Basecamp, Trello, Slack e MozBar, que podem ser utilizadas para otimizar as estratégias de comunicação. A transformação digital, impulsionada pelo avanço da tecnologia, favorece o investimento em estratégias de marketing de acordo com as preferências do consumidor, além do comportamento humano e da competitividade nos mercados. A disparada do número de usuários da web impulsionou o florescimento do marketing digital, que se desdobra incessantemente até os dias atuais.

Em 2024, as principais plataformas de redes sociais usadas no Brasil são WhatsApp, YouTube, Instagram, Facebook, TikTok, LinkedIn, Messenger, Kwai, Pinterest e Twitter. As empresas usam essas mídias para se conectar mais com o público, fortalecer o posicionamento da marca, engajar, vender e garantir a satisfação do cliente. Em suma, o marketing digital é uma estratégia vital para qualquer empresa ou indivíduo que deseja ter sucesso no mundo cada vez mais digital e conectado. Com atenção ao planejamento e à implementação, o marketing digital pode aumentar significativamente a visibilidade da marca, o engajamento do cliente e acelerar o crescimento dos negócios.

## OUTBOUND MARKETING

Conhecido também por marketing tradicional, outbound marketing é uma estratégia proativa em que as empresas iniciam a conversa e enviam mensagens para o público-alvo. Esse método de marketing busca ativamente atrair potenciais clientes para os produtos ou serviços vendidos, em vez de esperar que os clientes venham até eles.

Existem vários tipos de outbound marketing, incluindo chamadas frias, emails frios ou spam, mala direta, outdoors, patrocínios de eventos e apresentações em feiras comerciais. Essa estratégia engloba também publicidade em TV, rádio, impressos e online ou por contato pessoal. Exemplos de campanhas de outbound marketing bem-sucedidas incluem anúncios de rádio ou podcast, que podem atingir um grande público rapidamente, sobretudo se os anúncios forem veiculados em determinadas estações de rádio ou em certos horários do dia ou da semana.

Uma das principais vantagens desse tipo de marketing é a capacidade de alcançar ampla audiência, como clientes atuais, pessoas que já ouviram falar da empresa, mas nunca compraram dela, e aqueles que não estão familiarizados com as ofertas. Isso promove o boca a boca e aumenta a conscientização da marca, contribuindo para que a empresa alcance pessoas que provavelmente nunca ouviram falar dela.

Ao contrário do inbound marketing, que se concentra em criar conteúdo atraente e relacionamentos para trazer clientes potenciais de maneira orgânica, o outbound tenta alcançar um grande número de pessoas na esperança de que uma fração delas responda.

Uma das desvantagens do outbound marketing é ser possivelmente percebido como intrusivo, visto que as mensagens, em geral, não são solicitadas. Isso pode levar a uma exclusão cada vez maior por parte dos consumidores, que têm mais ferramentas e tecnologias à disposição para evitar essas "interrupções", como bloqueios de anúncios, filtros de spam e serviços que permitem ignorar comerciais, como a tecnologia Digital Video Recorder (DVR).

A mensuração de ROI em campanhas de outbound pode ser complexa e imprecisa. A natureza difusa dessas campanhas dificulta o exato rastreamento de como os consumidores foram influenciados pelas mensagens e quais ações específicas foram tomadas como resultado.

As empresas que destinam uma grande parte do orçamento ao outbound marketing provavelmente fazem isso com base em uma variedade de razões. Pode ser inércia, comodidade em relação a métodos testados e comprovados, necessidade de manter a consciência sobre a marca em grande escala ou percepção de que o alcance obtido com esses métodos tradicionais é mais importante ou necessário para determinados produtos ou serviços.

Vale ressaltar que a eficácia do outbound marketing pode variar amplamente entre diferentes indústrias, produtos e contextos de mercado. Portanto, uma alocação de orçamento para esse tipo de marketing sem considerar a eficácia potencial para o contexto específico da empresa pode resultar em uma alocação de recursos subótima.

É essencial que as empresas façam uma análise detalhada dos retornos sobre os investimentos em diferentes abordagens de marketing. Além disso, é importante que também almejem se adaptar e diversificar as estratégias para incluir ou aumentar a abordagem por inbound marketing sempre que essa estratégia demonstrar maior rentabilidade e alinhamento com as preferências do público-alvo.

## INBOUND MARKETING

Conhecido também por marketing de atração, é fundamental para a produção de conteúdo de real importância para atrair clientes potenciais. O foco é entender as necessidades e interesses do público-alvo para desenvolver materiais que respondam a essas demandas e instiguem o engajamento. Ao se concentrar na entrega de valor, antes do produto ou serviço em si, estabelece-se uma conexão mais profunda e de confiança com o consumidor.

Para garantir o sucesso dessa estratégia, é crucial entender de modo abrangente o público ao qual se destina o conteúdo. Isso envolve pesquisa e formação de pessoas especializadas, que direcionam a criação de material não apenas de alta qualidade mas também útil e informativo para o público-alvo. Essa atração natural é impulsionada pela visibilidade do conteúdo, que pode ser otimizada por meio de SEO e pela distribuição estratégica em canais em que o público está ativo.

Uma vez que o conteúdo de qualidade é produzido e otimizado, a próxima fase é a distribuição multicanal. Isso inclui o compartilhamento em plataformas de redes sociais, e-mail marketing, blogs, entre outros. Além disso, é essencial manter a consistência e a frequência da publicação do conteúdo, bem como atualizar e reciclar os materiais para garantir a relevância contínua.

A análise de dados e a mensuração de resultados desempenham um papel crucial na orientação das estratégias de marketing de atração. Monitorar informações como tráfego no site, taxas de conversão, envolvimento nas redes sociais e outros favorece a percepção do que ressoa no público e o que precisa ser ajustado.

O marketing inbound é uma estratégia inovadora que cativa os clientes por meio da criação de conteúdo de qualidade e experiências personalizadas. Diferente do marketing outbound, que invade a atenção do público com conteúdos não solicitados, o marketing inbound estabelece conexões genuínas e soluciona os problemas que afligem os consumidores.

## MARKETING DE CONTEÚDO

Na era da tecnologia, os consumidores anseiam por conteúdo de excelência e consistência de suas marcas favoritas. Uma estratégia de marketing de conteúdo bem-sucedida demanda identificar a audiência-alvo, estabelecer objetivos smart (específicos, mensuráveis, alcançáveis, relevantes e com prazos definidos), determinar indicadores-chave de desempenho (KPIs), escolher o formato e o tipo de conteúdo, selecionar os canais de divulgação, definir um orçamento, criar um cronograma de publicações e, por fim, produzir e disseminar o conteúdo.

Um dos maiores benefícios do marketing de conteúdo é a habilidade de impulsionar as vendas e fortalecer a reputação de uma empresa. Além disso, essa estratégia contribui para que as empresas atraiam e fidelizem clientes, otimizando o tempo. Um exemplo de sucesso é a campanha Compartilhe uma Coca-Cola, apelo que instigou os clientes a comprar mais que o habitual.

O marketing de conteúdo também exerce papel essencial na diminuição do custo de aquisição de clientes (CAC). Ao fornecer recursos que sanam dúvidas dos consumidores durante o processo de compra e capacitar a equipe de vendas com materiais como e-books e webinars, é possível agilizar o processo de venda e reduzir o CAC.

## MARKETING DE PERFORMANCE

Estratégia de marketing digital que tem ganhado cada vez mais relevância ao longo dos anos, o marketing de performance tem como base a ideia de que as marcas pagam aos provedores de serviços de marketing apenas depois de seus objetivos de negócios serem alcançados ou quando ações específicas são executadas, como cliques, vendas ou leads. Isso significa que o marketing de performance é essencialmente um modelo de marketing com base em desempenho.

No marketing de performance, existem quatro grupos principais: varejistas ou comerciantes; afiliados ou editores; redes de afiliados e plataformas de rastreamento de terceiros; e gerentes de afiliados ou gerenciamento de programas terceirizados (OPMs). Cada grupo é crucial e trabalha em uníssono a fim de contribuir para o resultado desejado.

Também conhecidos como anunciantes, varejistas são empresas que buscam promover produtos e serviços por meio de parceiros afiliados ou "editores". Um varejista busca um parceiro afiliado, define os objetivos da campanha e paga o afiliado quando esses objetivos são alcançados. Os afiliados, por sua vez, atuam como extensão da marca, utilizando o site da marca, a mídia social e a influência para melhorar o desempenho do varejista.

Um elemento definidor do marketing de performance é o retorno sobre o investimento (ROI): cada atividade é medida, relacionada e comprovada com KPIs predefinidos. Isso faz com que os resultados da campanha sejam compreendidos e otimizados para melhorar o desempenho.

O marketing de performance se difere do marketing tradicional em vários aspectos. Enquanto o marketing tradicional se concentra na criação de conscientização da marca e na lealdade do cliente, o marketing de desempenho tem como foco a produção de resultados mensuráveis. Além disso, enquanto o marketing tradicional usa a mídia tradicional, como revistas e jornais, o marketing de performance usa a mídia digital, como mídias sociais ou sites.

Um exemplo de uma campanha de marketing de performance com base em ações seria uma marca que busca obter mil cliques nos anúncios. Nesse caso, a campanha tem como base ações, que seriam pagas por clique.

O marketing de performance é uma estratégia que torna possível às empresas alcançar os objetivos de maneira mensurável e eficaz. Com o crescimento contínuo da indústria de marketing digital, o marketing de performance tem bastante potencial para alavancar negócios e alcançar novos clientes em grande escala.

## EMAIL MARKETING

Ferramenta eficaz para promover produtos ou serviços, o email marketing é um tipo de marketing direto e digital que utiliza o email como canal de comunicação. Por meio dessa estratégia, as empresas podem divulgar aos clientes os últimos itens ou ofertas, integrando-os a seus esforços de automação de marketing.

Uma campanha de email marketing é uma série programada de emails disparados para nutrir leads e informar os clientes a fim de incentivar o engajamento e aumentar as vendas. Cada email leva a uma chamada específica da ação, seja para fazer com que os usuários se inscrevam, seja para que agendem uma ligação, continuem a ler ou adicionem um produto ao carrinho.

Para iniciar uma estratégia eficaz de email marketing, é necessário definir o público, estabelecer metas, escolher uma plataforma de email marketing, determinar o tipo de campanha, construir uma lista de emails, segmentar a lista, criar o email e testá-lo. Além disso, existem várias maneiras de monetizar o email marketing, como vender um produto ou serviço, oferecer um boletim informativo pago, vender produtos de outras pessoas, fazer upsell de produtos premium ou exclusivos, vender produtos relacionados, obter compras repetidas, ter um plano de abandono de carrinho e incluir conteúdo patrocinado ou publicidade nos emails.

Embora seja uma ferramenta poderosa, o e-mail marketing tem limitações. O temido spam é uma delas, pois leva muitos de nossos e-mails para a indesejada pasta de lixo eletrônico. E se o conteúdo for pesado demais, pode inclusive não carregar. Além disso, a concorrência é acirrada, afinal o e-mail marketing é uma estratégia popular e isso significa que sua mensagem pode se perder entre tantas outras, inundando as caixas de entrada dos usuários. Mas não se desespere, há sempre uma maneira criativa de se destacar e alcançar seu público-alvo!

Apesar desses desafios, o email marketing é uma ferramenta valiosa para as empresas. Com a estratégia certa, ele pode contribuir para aumentar a notoriedade da marca, produzir leads e vendas, bem como manter os clientes engajados. Portanto, essa estratégia é essencial para toda empresa que deseja crescer e ter sucesso no mundo digital atual.

Para aplicá-la, é necessário estar atento à Lei Geral de Proteção de Dados Pessoais (LGPD), que tem como um de seus pilares o respeito à privacidade do cliente.

## MARKETING DE REDES SOCIAIS

O marketing de redes sociais (do inglês *social media marketing* – SMM) é um tipo de marketing na internet que utiliza aplicativos de mídia social como ferramenta de comunicação. Nessas plataformas, as empresas se conectam com seu público para construir uma marca, aumentar as vendas e direcionar o tráfego para um site. Com grande exposição, o SMM é frequentemente mais econômico, embora exija manutenção contínua e possa ter consequências negativas não intencionais.

As plataformas de mídia social como Facebook, Instagram e TikTok são usadas para promoção de marca, crescimento do público-alvo, direcionamento de tráfego para o site e aumento das vendas. Além disso, o SMM também assume formas diferentes, como marketing de conteúdo, publicidade/patrocínio, marketing de influenciadores, gerenciamento de mídia social/comunidade, mídia paga, construção de seguidores, contribuição para fóruns e avaliações.

O marketing de redes sociais oferece vários benefícios: pode aumentar a confiabilidade e o reconhecimento da marca, melhorar os níveis de serviço ao cliente e satisfação, fomentar a comunidade online e contar histórias autênticas, tornar-se parte do zeitgeist e aumentar a receita com o comércio social. O SMM também pode aumentar a conscientização sobre a marca, a receita, melhorar o SEO, oferecer melhor atendimento ao cliente e oportunidades de retargeting.

Exemplos de campanhas bem-sucedidas de marketing de redes sociais incluem o Projeto #ShowUs, da Dove, e a campanha Share a Coke, da Coca-Cola. Com o projeto #ShowUs, a Dove usou seu alcance para entender as necessidades do público e tentar resolver o problema da representação feminina na publicidade. Por outro lado, a Coca-Cola usou a frase Share a Coke como chamada à ação, inspirando os clientes a comprar mais do que comprariam.

Em 2023, havia 4,76 bilhões de usuários de mídia social em todo o mundo – mais de 59% da população mundial. Para aproximadamente 80% dos consumidores, a mídia social, em especial o conteúdo de influenciadores, afeta diretamente as decisões de compra. Com esse resultado, os profissionais de marketing de várias indústrias impulsionam a evolução do SMM de ferramenta autônoma para uma fonte multifacetada de inteligência de marketing, em um público cada vez mais importante e crescente.

## MARKETING DE BUSCA (SEM)

Também conhecido como search engine marketing (SEM), o marketing de busca é uma estratégia de marketing digital que visa aumentar a visibilidade de um site nas páginas de resultados dos motores de busca (SERPs). Essa estratégia é utilizada para promover e anunciar o conteúdo das empresas, ajudando-as a obter uma classificação mais alta no tráfego dos motores de busca.

O SEM é uma estratégia eficaz para as empresas alcançarem clientes específicos com base nas intenções de pesquisa. Os anúncios podem ser direcionados apenas a consumidores que pesquisam com palavras-chave estritamente relacionadas aos produtos ou serviços da empresa. Isso possibilita que as empresas posicionem os produtos diretamente aos clientes quando eles estão prontos para fazer uma compra, resultando em altas taxas de conversão.

Uma das principais vantagens do SEM é oferecer à marca visibilidade imediata e aumentada nos motores de busca. Além disso, é acessível e traz resultados e respostas mais rápidos. Outros benefícios são a capacidade de fazer alterações quando necessário e a possibilidade de estar no topo dos resultados de pesquisa.

O SEM se difere de outras estratégias, por exemplo, pela otimização para motores de busca (SEO), pois utiliza métricas como taxa de rejeição, taxa de cliques e custo médio por clique para publicidade paga, atraente para os pesquisadores. Por outro lado, as estratégias de SEO usam métricas como demografia e clientes ideais para criar páginas da web, de modo a otimizar a presença nos resultados de pesquisa.

O marketing de busca é uma estratégia direcionada que visa aumentar a visibilidade e o tráfego do site, colocando anúncios pagos nas páginas de resultados dos motores de busca (SERPs).

Trata-se de uma tática de marketing digital eficaz que contribui para que as empresas aumentem a visibilidade online, atraiam mais tráfego para seus sites e aumentem as vendas.

## MOBILE MARKETING

Subconjunto do marketing digital, o marketing móvel é uma estratégia de publicidade inovadora que utiliza dispositivos móveis, como smartphones e tablets, para alcançar clientes em potencial. Esse tipo de divulgação não se limita aos dados demográficos, mas concentra-se no comportamento dos usuários, tornando-se uma abordagem altamente personalizada e direcionada.

O marketing móvel abrange várias técnicas, como promoções de texto, notificações push por meio de aplicativos e anúncios. Inclui ainda métodos mais sofisticados, como a segmentação com base em localização, que possibilita às empresas o envio de mensagens personalizadas aos usuários de acordo com a localização geográfica deles. Essa estratégia é particularmente eficaz em razão da "onipresença" dos dispositivos móveis, já que os usuários os transportam para onde quer que vão.

Como qualquer estratégia de marketing, porém, o mobile marketing tem vantagens e desvantagens. Como pontos positivos, é econômico, oferece mensagens instantâneas, possibilita o compartilhamento de conteúdo, facilita o acesso a uma ampla variedade de canais de marketing e ainda proporciona integração com o marketing de redes sociais, aumentando assim o alcance das campanhas promocionais.

Como pontos negativos, o marketing móvel enfrenta desafios, como a falta de atenção do consumidor ocasionada pela natureza acelerada do consumo de conteúdo em smartphones; e a dependência de tecnologia, o que pode ser um obstáculo para alguns usuários. Outros problemas incluem controle de blocos de anúncios, otimização da página de destino, problemas de navegação, custos do usuário e a natureza invasiva de alguns anúncios. Além disso, há pouco espaço para erros no marketing móvel, por isso é crucial que os profissionais de marketing acertem as estratégias na primeira vez.

Apesar desses desafios, o marketing móvel continua a evoluir e a se adaptar às mudanças do consumidor e aos avanços tecnológicos. Por exemplo, os pagamentos móveis facilitaram as compras por telefone, acrescentando outra dimensão ao marketing móvel. A publicidade nesse tipo de marketing pode assumir muitas formas, como banners móveis, anúncios em vídeo, notificações push, anúncios em aplicativos e anúncios de pesquisa móvel, oferecendo aos profissionais da área uma infinidade de opções para atingir o público-alvo.

O marketing móvel é uma estratégia de publicidade dinâmica e versátil que possibilita às empresas o alcance de seu público-alvo de maneira personalizada e oportuna. Apesar dos desafios, traz inúmeros benefícios e oportunidades para empresas dispostas a se adaptar e a inovar. À medida que cresce o uso de dispositivos móveis, aumenta também a importância e a influência do marketing móvel.

## VIDEOMARKETING

O marketing de vídeo ou videomarketing é uma estratégia com base na criação e distribuição de conteúdo em vídeo para engajar o público-alvo, desencadeando emoções fundamentais para a construção de um relacionamento duradouro com os clientes.

Existem várias etapas envolvidas na criação de uma estratégia bem-sucedida de marketing de vídeo nas redes sociais. Primeiro, é necessário definir metas claras para a campanha de marketing de vídeo. Em seguida, é necessário decidir em quais plataformas o vídeo será veiculado e selecionar os tipos de vídeo a serem produzidos. O planejamento da produção de conteúdo é crucial, assim como entender o que a pós-produção envolve. Depois de produzidos, os vídeos devem ser agendados e promovidos. Por fim, é importante entender e analisar as métricas para avaliar o sucesso da estratégia.

Os vídeos são excelentes para aumentar a conscientização da marca, contando a história da empresa, organizando entrevistas com funcionários e compartilhando cenas dos bastidores. Ao apresentar vídeos, as empresas podem mostrar aos clientes que compartilham valores semelhantes.

No entanto, o marketing de vídeo também tem desvantagens. A produção de vídeos pode ser cara e demorada, e o formato de vídeo pode não agradar a todos os públicos. Apesar desses desafios, esse tipo de marketing é uma ferramenta importante para as empresas.

Existem muitos benefícios no marketing de vídeo. Ele ajuda a melhorar o SEO, aumenta a conscientização sobre a marca e impulsiona vendas e conversões. Além disso, é altamente compatível com dispositivos móveis, grande vantagem em um mundo cada vez mais digital.

Para criar uma estratégia eficaz de marketing de vídeo, é necessário começar definindo os objetivos do vídeo, identificando o público-alvo e decidindo a história que se deseja contar. Também é importante manter em mente os requisitos criativos, aderir ao cronograma e manter um orçamento realista. A tecnologia de inteligência artificial (IA) pode ser usada para otimizar a estratégia.

O marketing de vídeo é uma maneira apaixonante de as marcas se conectarem emocionalmente aos clientes e se destacarem em um universo digital saturado. Ao produzir vídeos empolgantes, educativos e de excelência, as empresas podem estabelecer uma conexão genuína com o público, ampliar o conhecimento sobre a marca e impulsionar vendas e conversões com sucesso.

## GEOMARKETING

Geomarketing é uma ferramenta tática que utiliza dados geográficos ou com base em localização para auxiliar empresas na elaboração de estratégias e campanhas de marketing. Essa técnica tem como fundamento o estudo de dados geográficos, sociodemográficos e comportamentais com o objetivo de determinar a área mais relevante para estabelecer ou desenvolver um negócio.

O geomarketing coleta dados de transações online do cliente em dispositivos móveis e outras fontes, que são armazenados em bancos de dados da empresa. Essas informações são aplicadas a mapas digitais, como um mapa de código postal ou um mapa de rua, possibilitando aos profissionais de marketing analisar dados por região ou localização física específica.

A análise desses dados ajuda a entender onde os clientes estão e a criar informações resumidas para locais específicos. Além disso, o geomarketing pode contribuir para a seleção de clientes semelhantes no país ou para a abordagem de problemas relacionados à localização de um novo escritório ou loja.

O geomarketing tem várias aplicações. Ele pode ser usado para escolher um site para um novo negócio ou filial, determinar locais-chave para publicidade, exibir conteúdo de acordo com a origem do usuário e oferecer publicidade online com base na localização do usuário.

Essa estratégia tem demonstrado ser eficaz na condução de tráfego online para o site de uma empresa, aumentando o tráfego de pedestres para as lojas físicas. Isso torna as campanhas mais eficazes, favorecendo o aumento da receita e o alcance de mais clientes.

Por exemplo, a Timberland conseguiu aumentar as visitas à loja em 6% ao segmentar aventureiros urbanos próximos a elas, enquanto a Currys PC World usou uma abordagem semelhante para aumentar as visitas à loja em 12%.

O geomarketing é uma ferramenta importante para empresas de todos os portes, pois torna possível a personalização de estratégias de comunicação com base na localização geográfica dos clientes.

# REMARKETING

Também conhecido como retargeting, remarketing é uma estratégia de marketing digital amplamente utilizada cujo foco é reengajar usuários que já interagiram com a marca. O objetivo principal é incentivar os usuários a executar uma ação desejada, como uma conversão, que pode ser a compra ou o preenchimento de um formulário.

Por exemplo, um cliente pode visitar seu site, adicionar produtos ao carrinho, mas sair sem fazer uma compra. Com o remarketing, você pode posteriormente apresentar anúncios específicos para esse cliente, lembrando-o dos produtos que ele deixou no carrinho e incentivando-o a concluir a compra.

O remarketing coleta dados sobre os visitantes do site e, em seguida, usa esses dados para direcionar anúncios ou acompanhamentos por e-mail. Essa estratégia é eficaz porque os usuários que já estão familiarizados com a marca têm maior probabilidade de se tornar clientes.

Uma das principais vantagens do remarketing é ter um custo por clique mais baixo em comparação com outras campanhas de publicidade. Isso ocorre porque você está direcionando pessoas que já estão familiarizadas com seu produto ou serviço, portanto elas têm mais probabilidade de clicar no anúncio. Esse tipo de marketing também pode ser usado para aumentar as vendas. Ao atingir usuários que já demonstraram interesse nos produtos, você pode segui-los com campanhas personalizadas, apresentando produtos que possam interessá-los e, assim, aumentar as vendas.

Existem várias maneiras de implementar uma estratégia de remarketing. Uma delas é com o uso do Google Ads, que possibilita aos anunciantes a personalização de campanhas de pesquisa com base na visita do usuário, ou não, a seu site (ou aplicativo) e nas páginas visualizadas por ele.

## COMARKETING

Comarketing é uma técnica em que marcas ou organizações se unem para expandir seu alcance. De modo geral, as empresas que trabalham juntas têm semelhanças, como estar na mesma indústria ou ter públicos semelhantes. Um exemplo clássico de comarketing é um designer de alto perfil colaborar com uma marca popular de tênis para criar um sapato para a temporada. Nesse caso, eles estão fazendo cobranding. Se a marca de tênis tivesse criado o sapato sozinha e depois pedisse ao designer para promovê-lo nas redes sociais, isso seria um tipo de comarketing.

Existem várias etapas para que uma campanha de comarketing seja bem-sucedida. Primeiro, é preciso encontrar o parceiro certo. Em seguida, definir o sucesso, criar a *persona* ideal, decidir a mensagem e o conteúdo, fazer um plano e estar pronto para adaptar. É importante medir, medir e medir novamente, aprender e melhorar com base nos resultados.

Um dos principais benefícios do comarketing é que as empresas podem dobrar o público por meio do compartilhamento do produto ou da campanha final com os fãs de ambas as empresas. Isso desperta a lealdade do cliente e pode intensificar a voz de cada marca.

O comarketing é uma estratégia eficaz que possibilita às empresas expandir seu alcance, aumentar a conscientização sobre a marca e, ao mesmo tempo, economizar recursos e tempo.

## CROSS MARKETING

O marketing de canais cruzados, também conhecido como cross channel marketing, é uma estratégia que promove a conexão entre marcas e clientes por meio de vários canais de comunicação. Esses canais podem incluir correio eletrônico, redes sociais, SMS, aplicativos móveis e muito mais. O objetivo principal dessa estratégia é criar uma viagem de cliente coesa e conectada, em que as mensagens sejam transmitidas de maneira consistente e relevante em todos os canais.

Um exemplo de marketing de canais cruzados é um anúncio no Facebook para um indivíduo específico, que coleta seus cookies e, em seguida, direciona para ele a mesma mensagem no Instagram. Essa abordagem faz com que as marcas atraiam clientes para os canais mais relevantes e preferidos deles.

As saídas demonstraram que uma estratégia de marketing de canais cruzados com foco no valor pode ter benefícios significativos. Por exemplo, membros do Starbucks Rewards visitam uma loja uma vez por semana em um mês e têm 5,6 vezes mais chances de visitar um local do Starbucks todos os dias.

O marketing de canais cruzados não só melhorou a eficiência do pressuposto de marketing em 15% a 20% mas também demonstrou que 73% dos compradores compram mais de um canal.

Esse tipo de marketing é uma tática que promove a conexão entre marcas e clientes de maneira mais coesa e personalizada, o que contribui para aumentar o "nível" de cliente e as conversões.

## MARKETING DIRETO

É uma abordagem estratégica cujo foco é a promoção de produtos ou serviços por meio de ações diretas e assertivas para um público específico. Esse tipo de marketing evoluiu ao longo dos anos, incorporando novos métodos, como email marketing e ações digitais personalizadas, mas mantendo técnicas tradicionais, como mala direta, telemarketing e televendas.

A essência do marketing direto é alcançar indivíduos já interessados no que está sendo vendido. Essa abordagem não só reduz o custo das campanhas mas também acelera os resultados, uma vez que essas campanhas muitas vezes carregam um sentido de urgência para converter mais clientes.

Para implementar uma estratégia de marketing direto bem-sucedida, vários passos devem ser seguidos. Em primeiro lugar, é fundamental identificar o público-alvo. Isso pode ser feito por meio do acesso a bases de dados de clientes ou sistemas de CRM para recolher informações como sexo, idade, rendimento, interesses pessoais e localização geográfica. É importante garantir que esses indivíduos deem permissão para o contato direto, a fim de evitar qualquer invasão de privacidade.

Uma vez identificado o público, o próximo passo é decidir a melhor abordagem de comunicação. Isso pode ser feito por telefone, e-mail ou até mesmo correio tradicional, dependendo das preferências do público-alvo. Por exemplo, um público mais jovem e conectado digitalmente pode preferir meios de comunicação digitais, enquanto um público mais tradicional pode apreciar o toque pessoal de uma carta impressa.

Depois de decidir o método de contato, as ferramentas apropriadas devem ser escolhidas e dominadas. Por exemplo, se o email marketing for o método escolhido, várias ferramentas podem ser testadas. Se o remarketing for a estratégia, então os recursos nas redes sociais e nos sites de busca devem ser bem compreendidos.

Um elemento-chave do marketing direto é o senso de urgência. Ofertas com prazo de validade curto podem levar os clientes a tomar decisões rápidas, aumentando a probabilidade de aceitação. Antes de lançar a campanha, é aconselhável testá-la em um segmento menor do público-alvo para identificar possíveis problemas de segmentação, abordagem ou oferta em si.

Por fim, medir os resultados de cada fase da campanha é crucial. O acompanhamento detalhado de métricas bem escolhidas é essencial para determinar o ROI da campanha e planejar futuras ações de marketing direto.

## MARKETING INDIRETO

Também conhecido como marketing invisível, é uma estratégia de marketing sutil e eficaz que visa promover uma marca, empresa, produto ou serviço de maneira indireta e não intrusiva. Esse tipo de marketing é frequentemente utilizado em contextos fora do ambiente publicitário tradicional, como filmes, séries de televisão, jogos e eventos.

O objetivo principal do marketing indireto é implantar a imagem da marca na memória do público, sem pressioná-lo com mensagens de venda diretas e agressivas. Em vez disso, o produto ou serviço é posicionado de maneira secundária, subliminar e com uma exposição mais branda. Isso faz com que o consumidor se sinta menos pressionado e mais propenso a aceitar a informação.

Na prática, quando um cliente vê uma plataforma cheia de produtos, diversos fatores cognitivos e emocionais entram em jogo. A familiaridade, as preferências pessoais desenvolvidas ao longo do tempo, o impacto das campanhas publicitárias, a relevância do produto para as necessidades imediatas e os valores pessoais, todos esses aspectos podem contribuir para a escolha de um produto em detrimento de outro.

O marketing indireto pode ser também uma alternativa eficaz para evitar a saturação da marca por anúncios diretos e convencionais. As pessoas são bombardeadas diariamente com propagandas invasivas e chamadas para a ação, o que pode ocasionar maior resistência a esses tipos de anúncio. No entanto, as ações de marketing indireto ocorrem de maneira tão sutil que o público dificilmente rejeita a mensagem.

Existem várias maneiras de implementar o marketing indireto. Por exemplo, ele pode ser inserido em filmes, séries e novelas, nos quais os atores são vistos usando um produto específico. Também pode ocorrer em vídeos na internet, comerciais de TV, camisas de clubes de futebol, ações publicitárias em estádios, backdrops em eventos e até mesmo em jogos.

O marketing indireto é uma tática de comunicação que pode contribuir para o aumento da exposição da marca e, consequentemente, da lembrança do produto de maneira sutil e não intrusiva. Ao fazer isso, as empresas podem aumentar a probabilidade de os consumidores escolherem seus produtos ou serviços, ocasionando mais vendas e maior retorno sobre o investimento.

## MARKETING OPERACIONAL

O marketing operacional é a etapa crítica de qualquer estratégia empresarial; é a fase em que as ações planejadas são implementadas e os resultados começam a aparecer. Trata-se de um conceito amplo e com inúmeras facetas, imprescindível para empresas ou equipes que buscam se destacar no mercado e compreender diferentes estratégias e aplicações.

O processo de marketing operacional geralmente começa com a identificação de um problema dentro de um negócio, como uma plataforma de comércio eletrônico. Isso leva ao estabelecimento de um objetivo e à criação de um plano para atingir esse objetivo, etapa conhecida como marketing estratégico. Em seguida, entra em cena o marketing operacional, fase em que todo o planejamento é colocado em ação. O objetivo é alcançar resultados rápidos e retor-

# PROPAGANDA: A ARTE DE "PRODUZIR" PENSAMENTOS

nos de curto prazo para garantir a sobrevivência e o bom funcionamento do plano.

O marketing operacional caracteriza-se por transformar planos em ações, executar campanhas e ações previamente definidas e propagar uma marca, produto ou serviço entre os clientes finais. Compreende ações de curto prazo destinadas a atingir objetivos de médio e longo prazos.

Algumas ações comuns nessa fase incluem campanhas promocionais, distribuição e atendimento pós-venda. Campanhas promocionais são soluções ideais para gerar impacto rápido nos consumidores. A distribuição, embora geralmente atribuída ao setor logístico, também se enquadra no marketing operacional ao executar a estratégia de maneira mais eficiente para a distribuição de um produto, marca ou mensagem. O cuidado pós-venda também faz parte do marketing operacional, com foco na satisfação do cliente e posterior fidelização.

Compreender as diferenças entre marketing operacional e marketing estratégico é crucial para transformar efetivamente planos em ações. Em um plano de marketing estruturado, esses dois aspectos devem ser integrados. Enquanto o marketing estratégico envolve planejamento e geralmente é definido para médio e longo prazos, o marketing operacional trata de execução, com maior senso de urgência, pois as ações são voltadas para resultados de curto prazo.

O marketing operacional é um componente vital de qualquer estratégia de negócio, pois transforma planos em ações e impulsiona o alcance dos objetivos definidos. Essa estratégia requer execução cuidadosa e eficiência para garantir que todos os estudos e as análises sejam aproveitados e os objetivos traçados sejam alcançados, gerando o retorno esperado para a empresa ou a equipe.

## MARKETING REATIVO

Também conhecido como reactive marketing, é uma técnica que responde a eventos, notícias ou tendências atuais de maneira relevante e muitas vezes humorística. Essa abordagem favorece o envolvimento das marcas com o público de maneira significativa, proporcionando mais impressões e menções.

O conceito de marketing reativo tem como base a ideia de reagir a situações específicas ou às ações dos concorrentes. No entanto, é importante não mudar muito rápido de direção com cada movimento da concorrência. Em vez disso, o foco deve estar em responder de maneira autêntica e relevante aos eventos atuais importantes para o público-alvo da marca.

O marketing reativo tem vários benefícios. Ele mantém a relevância da marca, disponibiliza novos clientes para a empresa, torna a marca relacionável, aumenta o engajamento, fortalece o tom de voz da marca e destaca a empresa como especialista em seu campo.

Esse tipo de marketing pode ser usado para aumentar as vendas, manter a empresa atualizada e relevante, aumentar o engajamento com o público, construir conexões mais fortes com os clientes e melhorar a reputação da marca.

No entanto, é importante lembrar que o marketing reativo deve ser usado com cuidado. Uma reação mal pensada ou insensível a um evento atual pode prejudicar a reputação da marca. Portanto, é crucial que as marcas sejam autênticas, respeitosas e considerem cuidadosamente como suas reações serão recebidas pelo público.

O marketing reativo é uma ferramenta que promove o envolvimento da empresa com o público de maneiras novas e emocionantes. Quando usado corretamente, pode aumentar a visibilidade da marca, melhorar a reputação e impulsionar as vendas.

## MARKETING PROATIVO

O marketing proativo é uma abordagem estratégica que possibilita às empresas antecipar e planejar mudanças futuras no mercado e nas necessidades dos clientes. Esse tipo de marketing envolve o desenvolvimento de produtos ou serviços para atender a essas necessidades, mantendo-se à frente da concorrência. As estratégias de marketing proativo incluem pesquisa de mercado, desenvolvimento de produtos e branding.

O marketing proativo é definido pelo uso de análises para determinar a melhor direção de uma estratégia antes de o plano ser realmente lançado. Durante o curso da campanha, a equipe de marketing analisa o progresso e adapta-se para garantir o sucesso. Isso faz com que as empresas visualizem o que contribuirá para aumentar o sucesso das campanhas, em vez de reagir aos dados após o insucesso da campanha.

Um exemplo de marketing proativo é uma empresa que usa a análise de dados para desenvolver estratégias de conteúdo. Se uma cliente chamada Andréa visitou seu site em novembro por meio de uma pesquisa orgânica e comprou produtos com aroma de alfazema, você pode usar a análise de dados para desenvolver estratégias de conteúdo para incentivá-la a retornar ao site.

Além disso, atividades de marketing proativo, como divulgação nas redes sociais e marketing de conteúdo, podem contribuir para o desenvolvimento de confiança e associações positivas da marca. Um robusto plano de comunicação de crise deve ser produzido para gerenciar efetivamente quaisquer cenários imprevistos.

O marketing proativo se difere do marketing reativo na medida em que o primeiro requer preparações minuciosas antes do lançamento, enquanto o último é uma ação espontânea que responde a eventos ou notícias recentes. O marketing reativo geralmente ocorre em resposta a algo externo e pode levar ao desperdício de tempo e esforço.

Entre os benefícios do marketing proativo está maior estabilidade e menos estresse, pois esse tipo de marketing proporciona um controle mais eficaz das atividades de marketing. Além disso, produz dados e informações necessários para uma segmentação mais eficaz e pode contribuir para impulsionar os prospects pelo funil de marketing de maneira mais rápida e eficiente.

## MARKETING MULTINÍVEL

O marketing multinível (MMN), também conhecido como marketing de rede, é uma estratégia de vendas que tem ganhado cada vez mais espaço no mercado. Essa abordagem torna possível a venda de produtos ou serviços diretamente de empresas aos consumidores por meio de representantes de vendas independentes, sem a necessidade de lojas físicas.

Empresas como Avon e Herbalife são exemplos notáveis de negócios de marketing multinível. A Avon opera sob um modelo em que as vendas são impulsionadas por uma rede de vendedores, por meio de apresentações ou encontros individuais em casas ou empresas. Já a Herbalife, fundada na Califórnia em 1980, é uma das maiores empresas de marketing multinível para suplementos alimentares, contando com quase 2,3 milhões de distribuidores independentes em todo o mundo.

No MMN, os participantes são incentivados a promover e vender suas ofertas para outros indivíduos e trazer novos recrutas para o negócio. Os distribuidores são pagos com uma porcentagem das vendas dos representantes. Esses novos vendedores se tornam a rede ou o downline do distribuidor e são, por sua vez, incentivados a fazer negócios.

Uma das principais vantagens do marketing multinível é que o risco de falha é muito menor. Você pode levar algum tempo para conhecer o produto ou serviço antes de começar, então já sabe o que fazer. Geralmente, é possível começar com algumas centenas de reais e com custos de manutenção mínimos, o que é muito melhor do que investir milhares de uma só vez.

No entanto, é importante notar que nem todas as empresas de MMN são legítimas. Algumas podem operar como esquemas de pirâmide, que são ilegais. Portanto, é crucial fazer uma pesquisa adequada antes de se envolver com qualquer empresa de marketing multinível.

## MARKETING DE AFILIADOS

É um processo no qual um afiliado ganha uma comissão por comercializar produtos de outra pessoa ou empresa. O afiliado procura um produto de que goste, promove esse produto e ganha uma parte do lucro de cada venda. Esse método de marketing tem se mostrado extremamente benéfico tanto para as marcas quanto para os profissionais de marketing de afiliados. Nos Estados Unidos, por exemplo, houve um aumento significativo nos gastos com marketing de afiliados, de US$ 5,4 bilhões em 2017 para US$ 8,2 bilhões em 2022.

Para começar no marketing de afiliados, é necessário escolher o nicho, criar um site, aderir a um programa de afiliados, escrever conteúdo excelente, direcionar tráfego para o site de afiliados, ocultar os links de afiliados, rastrear as campanhas de afiliados e aumentar a renda. Aos afiliados é paga uma comissão por referir clientes às empresas onde eles fazem compras. Essas comissões podem variar de menos de 1% a 20% ou mais, dependendo do produto e do volume de referência.

O marketing de afiliados pode ser uma fonte confiável de renda para quem o executa com estratégia bem pensada, compromisso e foco em fornecer valor ao público. No entanto, como qualquer negócio, pode ser afetado por mudanças de mercado, concorrência e outros fatores, portanto a diversificação das fontes de renda é frequentemente aconselhada.

Entre os benefícios do marketing de afiliados estão a extensão do alcance entre um público-alvo, a geração de tráfego e leads, e o impulsionamento de vendas pela confiança. Além disso, o marketing de afiliados pode ser efetuado com custo quase zero, pois é necessário apenas promover produtos, o que pode ser feito de várias maneiras, incluindo a divulgação em diferentes sites e blogs gratuitos.

Para começar no marketing de afiliados sem experiência, é recomendável estudar recursos gratuitos sobre a área, escolher um nicho, lançar seu site, começar a escrever, buscar palavras-chave inicialmente de baixa concorrência e dominar a arte de criar ótimos conteúdos.

## MARKETING DE UTILIDADE

É uma abordagem estratégica de marketing que visa oferecer algo útil ao público-alvo. Essa estratégia busca integrar a marca ao dia a dia dos consumidores de maneira benéfica e não intrusiva, fortalecendo assim a autoridade e presença da marca.

Um dos principais aspectos do marketing de utilidade é o foco em oferecer conteúdo valioso e relevante ao cliente, potencializando o conhecimento e a experiência da marca. Isso pode ser alcançado por meio de vários canais, como email marketing ou mídias sociais. O objetivo não é apenas promover produtos ou serviços mas também oferecer informações úteis que melhorem a experiência do usuário.

Outra aplicação dessa estratégia de marketing é a ênfase no tempo. Alguns serviços são mais valorizados pela velocidade, por isso quanto mais rápidos, mais úteis se tornam. Isso é particularmente aplicável a empresas que lidam com entregas ou serviços semelhantes. Ao oferecer soluções que agilizam o dia a dia do usuário, a experiência geral se torna mais agradável.

A principal aplicação do marketing de utilidade, porém, é prestar um serviço que seja útil e faça parte da rotina do consumidor. Pode ser um aplicativo, serviço ou uma solução que garanta uma experiência mais satisfatória ou agradável ao consumidor. Por exemplo, um aplicativo que possibilite ao usuário monitorar o desempenho em atividades físicas ou testes online que mostrem como ficaria a maquiagem na pele do usuário.

O marketing de utilidade traz diversos benefícios para as empresas: contribui para o aumento das vendas ao empregar táticas de marketing eficazes, auxilia na gestão da reputação do negócio e na conquista da confiança do público, bem como produz insights sobre o que funciona no mercado, facilitando assim o aprendizado e a adaptação.

Como qualquer tática, porém, o marketing de utilidade nem sempre funciona, principalmente se a campanha parecer

PROPAGANDA: A ARTE DE "PRODUZIR" PENSAMENTOS

falsa ou tentar resolver um problema que não preocupa realmente os consumidores. O segredo é focalizar a venda indireta e se tornar referência para o consumidor, a fim de que ele procure a marca quando precisar.

O marketing de utilidade é uma tática eficiente para empresas que buscam se aproximar dos consumidores e se tornar útil em seu dia a dia. Essa estratégia não só melhora o relacionamento entre o consumidor e a marca mas também gera valor nessa interação.

## MARKETING DE RELACIONAMENTO

É uma tática crucial que possibilita às empresas estabelecerem uma relação mais próxima com os clientes, incentivando-os a se identificarem com os propósitos e produtos da marca. Essa estratégia vai além de simplesmente atrair, vender e fidelizar clientes; ela busca criar um vínculo quase amigável, aumentando a confiança do público na marca.

Existem várias maneiras de aplicar o marketing de relacionamento. Uma das mais comuns é por meio de programas de fidelidade, em que os clientes acumulam pontos e trocam por vantagens. Esse tipo de estratégia não só oferece benefícios aos clientes mas também fortalece o relacionamento com eles. Um exemplo notável é a Starbucks, que investe fortemente em seu programa de fidelidade, aumentando as vantagens à medida que o cliente consome.

As estratégias modernas de marketing valorizam a integração de várias ferramentas para maximizar o alcance e a eficiência da comunicação entre empresas e clientes. O uso das redes sociais como um canal de marketing é importante pela popularidade e capacidade de gerar engajamento de maneira dinâmica. A Netflix é um exemplo de como essa estratégia pode ser bem-sucedida: a criação de conteúdo que fomenta interação e partilha eleva o valor da marca e sua visibilidade. A interatividade das redes sociais pode ser usada para obter feedback em tempo real, o que é valioso para ajustes rápidos em estratégias de marketing.

Sem dúvida, o e-mail marketing ainda é uma poderosa ferramenta e muito eficiente para estabelecer contato direto e personalizado com o público-alvo. Ele permite segmentar com base em dados comportamentais e demográficos, e a entrega de conteúdo personalizado para diferentes segmentos pode aumentar a relevância e a eficácia de comunicações promocionais. As taxas de abertura e conversão de e-mails promocionais são ferramentas valiosas para o sucesso das campanhas. Além disso, a captura de informações de contato via landing pages indica um alto nível de interesse do usuário, o que representa uma oportunidade significativa para a nutrição desse lead.

A automação de processos aumenta a eficiência do atendimento ao cliente por meio de chatbots e outras tecnologias. Disponibilidade constante, respostas rápidas a consultas e assistência contínua são aspectos fundamentais oferecidos por chatbots e podem ser integrados a diversas plataformas de comunicação, incluindo redes sociais e sites.

Uma estratégia de marketing eficaz geralmente incorpora uma mistura dessas ferramentas para criar uma presença online robusta, manter um diálogo contínuo com clientes e aproveitar as oportunidades de conversão e fidelização. Visto que essas tecnologias continuam a evoluir, é crucial que as marcas permaneçam atualizadas sobre as melhores práticas e inovações no marketing digital para manter a competitividade e relevância no mercado.

O marketing de relacionamento tem várias vantagens. Ele contribui para a fidelização dos clientes, otimiza o funil de vendas e aumenta a satisfação do público. Além disso, com essa estratégia as empresas conhecem mais detalhes sobre seus consumidores e, com base nesses dados, criam estratégias mais eficazes.

O marketing de relacionamento é uma estratégia que proporciona a construção e a manutenção de um relacionamento positivo entre empresas e clientes, fortalecendo a marca e aumentando as vendas.

## ENTREVISTA COM ANDREA MONTEIRO DE BARROS
### OOH E O DESAFIO DE FALAR PARA QUEM TEM PRESSA

De acordo com Andrea, fonoaudióloga, escritora consagrada e consultora de Comunicação, o ser humano vive diversos paradoxos, mas para o marketing, e principalmente o que aborda o consumidor da porta de sua casa para fora, o mais importante é constatar que a maioria das pessoas sai de casa com a suprema vontade de voltar o mais rápido possível. Mesmo quando programam a viagem dos sonhos, no final estão com saudade do lar.

Além disso, a enormidade de tarefas a serem cumpridas diariamente faz com que haja uma pressa intrínseca a qualquer atividade que se execute ao longo do dia. Sem contar a dependência quase patológica que todos desenvolveram pelos celulares, que confere onipresença e tridimensionalidade à participação no mundo. Todos falam com quem quiser, em qualquer parte do mundo, às vezes com várias pessoas e, ao mesmo tempo, fazem compras no supermercado ou dirigem seus automóveis, ainda que isso seja proibido.

Considerando esses fatores e mais aqueles ligados aos paradigmas pessoais, é necessário pensar em out of home como uma comunicação que aproveita uma pausa mínima entre uma atividade e outra, quando a pessoa descansa os olhos para uma próxima atividade. Aproveitando essa colocação, é imprescindível lembrar que o olho humano tem características próprias: ele só consegue captar 24 frames por segundo (FPS) e não lê ou percebe nenhuma imagem enquanto está se movimentando. Isso quer dizer que quando o globo ocular está se mexendo nada é percebido. Além disso, o cérebro interpreta as imagens captadas em uma velocidade de 13 milissegundos, de acordo com pesquisadores americanos, o que exige simplicidade levando-se em conta que a mídia OOH tem muito pouco tempo para impressionar uma pessoa. Se essas limitações não forem observadas, o processo comunicativo não ocorrerá e o investimento naquela mídia será inútil.

No passado, muito se falou sobre a inserção de imagens entre os frames de um filme, que não seriam percebidas pelo espectador, mas funcionariam como uma sugestão de consumo inconsciente ou subliminar. Essa prática proibida considerava que o cérebro decodifica o vídeo em sucessivas fotografias e, com sorte, a inserção seria percebida pelo cérebro de alguém. Ação muito contestada, no Brasil existe o projeto de lei 1.840/11, que visa sua proibição. Esse recurso não é uma boa prática de marketing, uma vez que o interlocutor sequer sabe que está sendo submetido a isso.

A comunicação de marketing na mídia OOH deve fazer uma composição entre as informações psicobiológicas do consumidor para praticar algo efetivo. Além disso, deve levar em conta as informações ligadas ao produto ou serviço a ser divulgado, as normas estabelecidas no manual de identidade visual, que regulamenta o uso da marca, e aproveitar ao máximo tudo que a mídia selecionada pode oferecer.

Qualquer elemento presente no cenário externo à residência de alguém é, sobremaneira, um veículo de mídia out of home. Portanto, a enxurrada de informações que bombardeia as pessoas é avassaladora. A criatividade para usar esse espaço a seu favor deve considerar que o cérebro humano se acostuma com a rotina visual e, apenas quando algo foge ao esperado, ele é despertado para interpretar com interesse.

Não é uma tarefa fácil, mas quando o designer consegue usar essas informações com maestria e criatividade, ocorre o fenômeno de aceitação. A ideia é absorvida sem que o público entenda o que ocorreu e quem fica mais satisfeito com isso é o cliente que contratou a agência ou o designer.

Uma dica importante é utilizar a linguagem simples (LS), técnica existente desde a década de 1940 e que auxilia bastante na utilização do processo comunicativo com sucesso e eficácia até os dias atuais. Segundo a LS, é sempre preferível utilizar imagens a palavras. Isso porque uma imagem encerra em si o conteúdo a ser trabalhado, mas também um conteúdo emocional importante na decodificação da mensagem. No caso de utilizar textos, além de lembrar-se das limitações humanas na leitura, utilize frases curtas que abordem uma ideia por vez e construídas com palavras do cotidiano e significado preciso. Conceitos abstratos, jargões, piadas, figuras de linguagem e estrangeirismos devem ser, de preferência, evitados. Além de todos esses cuidados, uma regra de ouro é fazer um mapa conceitual dos elementos que serão utilizados e sempre testar o impacto da mídia em um pequeno grupo para observar como a interpretam. Se a interpretação se aproximar da ideia original, da criação, há grandes chances de ser um sucesso.

# VALOR EMOCIONAL AGREGADO (VEA)

## EXPLORANDO AS EMOÇÕES

"A emoção da vitória e a agonia da derrota." Essa linha é clássica em *O amplo mundo dos esportes,* da NBC. A abertura prometeu aos espectadores uma montanha-russa emocional enquanto assistiam o "drama humano da competição atlética".

Esse tipo de experiência visceral está no coração de marketing emocional. Uma brilhante peça comercial da MetLife, seguradora situada em Hong Kong, apresenta um pai amoroso que protege a filha das dificuldades financeiras. O portal de publicidade americano AdWeek chamou de "uma história de pai e filha que se aprofunda e embala ainda mais emoções negativas do que anúncios semelhantes nos últimos tempos".

Marcas que entendem a verdadeira definição de valor emocional agregado na publicidade têm o grau de lembrança potencializado em seu público. A publicidade emocional faz mais que evocar sentimentos. Elas inspiram os clientes a comprar, assinar, curtir, compartilhar ou doar.

A pesquisa psicológica sugere que temos duas maneiras distintas de pensar e tomar decisões: racional e emocional. Quando se trata de marketing, as marcas geralmente apelam para a mente racional – dão aos consumidores os fatos e eles tomam uma decisão por seus méritos.

Na realidade, a maioria das decisões é tomada com base em nossas emoções ou instintos. Essas estruturas no "cérebro antigo" – partes instintivas que regulam nossa sobrevivência – são geralmente as primeiras a processar informações e, portanto, são as mais poderosas a serem ativadas.

De fato, processamos emoções em um quinto do tempo em que fazemos o pensamento racional. Então, para despertar interesse, as marcas podem lançar mão da mente emocional e salvar os fatos para quando a mente racional "alcançar".

# COMO E POR QUE O MARKETING EMOCIONAL FUNCIONA

O marketing emocional é a chave para conquistar o coração (e a mente) do consumidor. Estudos comprovam que nossa tomada de decisão é guiada principalmente pelas emoções, e não pela razão.

De fato, a resposta emocional a um anúncio pode ser até três vezes mais poderosa que seu conteúdo factual. Surpreendentemente, campanhas com foco no apelo emocional superam as que se baseiam apenas em argumentos racionais em uma proporção de quase 2 para 1. Isso porque as emoções falam diretamente com nosso lado impulsivo, onde as decisões são tomadas.

Para alcançar o sucesso no marketing com o uso de emoções, é essencial que as marcas compreendam como os sentimentos influenciam nossas ações. Além de impulsionar as vendas, as emoções também podem inspirar outras atividades de branding, criando uma conexão duradoura e verdadeira com o público.

## FORJAR HÁBITOS: O GRANDE SEGREDO

1. **Desperte no cliente a vontade de comprar seu produto.**

   A regra é simples: se você apresentar a um possível cliente algo que satisfaça uma carência, um anseio, aumente seu prestígio no grupo social, propicie prazer, com certeza despertará nele a vontade de comprar.

O marketing transforma a compra por necessidade em desejo. A análise é simples: a necessidade pode ser sanada sem muito custo, já o desejo é ilimitado, como dito anteriormente. Podemos comprar uma calça jeans que custa R$ 80 para sanarmos a necessidade ou podemos comprar uma calça jeans da marca Diesel, que custa R$ 1.200, para saciarmos o desejo pela marca.

Todo e qualquer produto mercantil (sapatos, sorvetes, computadores etc.) tem dois tipos de preço: um explícito, que é seu valor monetário, expresso quase sempre em moeda corrente; e um valor implícito e subjetivo, sem correspondente monetário, percebido apenas afetivamente.

Ao necessitarem trocar o computador, algumas pessoas assim raciocinam: posso comprar qualquer modelo, desde que seja um MacBook. Há o que tem preço e há o que tem valor. Normalmente, o que não tem preço é mais importante e pelo qual somos capazes de qualquer sacrifício. Já o que podemos pagar é substituível. Essa diferença é reconhecida pelo brasileiro, em especial.

Em 2008, a Mastercard Brasil lançou uma campanha em que os usuários enviavam histórias reais sobre o que para eles não tinha preço. Esse foi o ano em que várias empresas buscaram a interatividade com os clientes e a campanha obteve um estrondoso sucesso. Foram mais de 60 mil histórias enviadas, com um número de *page views* superior a 33 milhões e mais de 3 milhões de visitantes únicos. As duas melhores histórias foram transformadas em comerciais para a televisão e receberam inúmeras iniciativas de merchandising.

## 2. Forje hábitos que levem os clientes a repetirem as verdades que queremos que eles repitam.

O marketing nos diz que, se o produto não desperta o interesse do cliente, se não atende às suas necessidades, se é mal falado pelos consumidores, não vende. E se não vende, tende a perder espaço até sair do mercado. E a maneira de manter viva na mente do cliente uma imagem positiva é repetir com insistência uma "expressão positiva". É para isso que servem os slogans. Quando a TV, o rádio, os jornais, os painéis repetem com insistência "Se é Bayer, é bom!", está, de fato, condicionando a mente do cliente e estimulando um hábito. Assim, quando ele tiver de decidir entre o produto Bayer e o produto X, seu subconsciente decidirá: "Vou levar o Bayer porque se é Bayer, é bom". Então, relembramos Pascal: "É o hábito que nos dita a cada dia o que devemos dizer, fazer e pensar."

**Os slogans plantados nas mídias têm exatamente a função de criar hábitos.**

# COMO AS EMOÇÕES AFETAM AS MARCAS

## Sua marca é o que seus clientes pensam e sentem sobre seu produto ou serviço.

Isso pode ser tecnicamente verdade, mas, no fundo, sua marca é o que os clientes pensam e sentem sobre seu produto ou serviço. Pesquisas mostram que os consumidores usam principalmente emoções em vez de informações ao avaliar marcas.

Para que o valor emocional agregado seja eficaz, você deve evocar os sentimentos que melhor ressoam com seus clientes-alvo. Para fazer isso, considere estas perguntas:

## Emoções diferentes conduzem a ações diferentes?

**Um case:**

> Uma empresa colocou um anúncio no jornal para recrutar vendedores. Apareceram três candidatos. O gerente perguntou ao primeiro:
>
> — O que o senhor vendia na última empresa?
>
> — Consórcios.
>
> Fez a mesma pergunta ao segundo candidato. E a resposta foi:
>
> — Equipamentos de informática.
>
> Em seguida, repetiu a pergunta ao terceiro candidato. E o rapaz respondeu.

*— Vendia dois produtos em um pacote único: saúde e alegria.*

*Todos se entreolharam admirados e curiosos.*

*— Vendia saúde e alegria? Foi isso o que o senhor disse?*

*— Sim, vendia saúde e alegria! Muita saúde e muita alegria!*

*Todos se entreolharam ainda mais admirados e curiosos. E depois de uma breve pausa, o rapaz completou:*

*— Eu vendia pula-pula! Vocês já brincaram de pula-pula? É muito bom! A gente volta a ser criança! É maravilhoso, para o corpo e para a alma!*

Repare que os dois primeiros entrevistados estavam corretos, disseram o nome do que vendiam. O terceiro candidato também estava correto, mas deu como resposta o benefício do que vendia.

E isso se explica de maneira simples:

## Ninguém compra um produto, seja este produto bicicleta, óculos, bola de futebol, impressora, casaco de frio, pelo simples fato de ser um "produto"... As pessoas compram o benefício que o produto oferece.

*O prazer é um dos benefícios mais vendáveis que encontramos no mercado.* Se você tem um produto para vender, descubra todos os benefícios que ele oferece e venda os benefícios. *Porque produtos, por si só, não se vendem.*

## Qual é a personalidade e a história de sua marca?

A personificação da marca aplica um conjunto de traços ou características humanas a esta. Poderosas "personalidades" como a vibração "Just Do It" da Nike e a abordagem do cliente pela Amazon "inflamam" intensa lealdade à marca.

A história da marca descreve a série de eventos que inspiraram a criação da empresa e como essa história continua a impulsionar sua missão. Uma história de marca atraente é memorável e desenvolve empatia por sua empresa.

## O que você deseja que seus clientes façam?

Emoções diferentes conduzem a ações diferentes. Por exemplo, #ShotOniPhone, da Apple: a campanha reconhece os talentos fotográficos dos usuários, o que os faz felizes. Esse reconhecimento os inspira a compartilhar lindas imagens tiradas em seus telefones.

## Que trabalho "doloroso" você faz para seus clientes?

As melhores marcas vendem mais que produtos ou serviços, elas facilitam a vida. Na *Harvard Business Review*, os profissionais de marketing observaram que "as inovações bem-sucedidas ajudam os consumidores a resolverem problemas – a fazerem o progresso necessário, enquanto atendem a qualquer ansiedade ou inércia que possa os estar impedindo".

Por exemplo, o Google facilita as pesquisas inteligentes na web, assim como o Google Drive possibilita o compartilhamento de arquivos grandes pelos usuários, sem a limitação de tamanho do email.

## Como você cria uma sensação de conexão e de pertencimento em seus clientes?

O ser humano tem a necessidade inerente de pertencer, de saber que os outros valorizam e precisam deles. As emoções desempenham um grande papel em nossas conexões pessoais, como a felicidade e o senso de inclusão que sentimos com pessoas que compartilham nossos valores, interesses, experiências ou estágios da vida. Grupos de pessoas que compartilham esses atributos profundos são chamados tribos de consumidores.

As marcas podem capitalizar esse sentimento de pertencimento. Empresa americana de colchões, a Purple, por exemplo, ofereceu 10% de desconto para a comunidade militar unida, que se identificou com a identidade da marca de alta qualidade e contribuiu para aumentar seis vezes as conversões.

## EXEMPLOS E ESTRATÉGIAS DE VEA

A famosa citação de Shakespeare "Para o teu próprio eu, seja verdadeiro; e deve seguir-se, como a noite ao dia. Tu não podes então ser falso com nenhum" é um sábio conselho para marcas que usam emoção em marketing. Os clientes querem autenticidade e honestidade, não importa quais estratégias você use.

**Fale com seus pontos de dor** – Marcas que demonstram resolver os problemas dos clientes – característica denominada *função da marca* – vencerão sempre.

O popular aplicativo de meditação Headspace auxilia a aliviar o estresse do professor. Então, a marca liberou acesso gratuito aos educadores, com recursos que eles poderiam usar para integrar a meditação nas salas de aula. A oferta exclusiva e personalizada trouxe 25 mil novos assinantes em três novos mercados.

Quando os professores usam o Headspace em sala de aula, incentivam pais, amigos e outros adultos a se inscreverem no aplicativo e aproveitarem os benefícios da meditação em casa – o *efeito halo*.

**Inspire-os a atingir metas ou alcançar um estilo de vida** – Aproveite os desejos de seu público para realizar os sonhos dele, como alcançar uma renda, viajar para um local desejado ou comprar um carro de luxo. Uma emoção de marketing como motivação funciona bem aqui. Quem dirige um Tesla, por exemplo, acredita na marca cuja missão aspiracional para "acelerar a transição do mundo é voltar-se para a energia sustentável".

**Mostre o amor** – Os consumidores adoram marcas que os valorizam e os apreciam. A T-Mobile, por exemplo, tornou-se o provedor de acesso sem fio para forças armadas americanas, mostrando apoio e alinhamento com os valores da comunidade. A empresa não apenas oferece desconto aos militares mas também dá suporte profissional aos veteranos, auxilia organizações militares sem fins lucrativos e investe em infraestrutura em comunidades vizinhas às bases militares dos Estados Unidos.

**Apoie uma boa causa: marketing 5.0 presente mais uma vez** – De acordo com uma pesquisa, os consumidores mais afetados pela pandemia da covid-19 desejam que as marcas façam o bem e cuidem das pessoas por meio de:

- Doação para programas que apoiam profissionais de saúde.

- Doação para pessoas que perderam salários.

- Oferta de benefícios ou serviços extras.

Muitas marcas fazem isso com orgulho para os médicos.

**Comemore marcos** – Podem ser marcos da empresa, como o centenário do guaraná Antarctica em 2021, que convocou brasileiros a criarem promoções para a marca. As cinco ideias escolhidas proporcionou aos criadores um ano de guaraná, a possibilidade de se tornarem sócios e aparecerem em uma propaganda.

Os marcos do cliente também criam momentos memoráveis, como a campanha da P&G "Obrigado, mãe". A série de vídeos destacava como mães de atletas nutrem os filhos a cada passo do caminho, do bebê ao campeão olímpico.

**Faça-os rir** – O humor pode ser uma estratégia poderosa para envolver os clientes. A série de comerciais de TV da Dollar Shave Club abordava questões sensíveis, como a navalha no leito de morte pelo perigo de pagar caro por lâminas, e afirmava que um bom barbear é melhor que uma viagem espacial.

Para que uma campanha humorística seja vencedora, a profissional de marketing Melissa Kandel recomenda encontrar uma nova maneira de expressar conceitos universais – como o bem-sucedido comercial Hump Day, da Geico, no qual um colega de trabalho demonstra amar as quartas-feiras um pouco demais.

Sem ser nostálgicos, mas visitando campanhas cômicas antigas de muito sucesso, destacamos a campanha da Bombril, representada brilhantemente pelo ator Carlos Moreno.

**Use cor** – Para 80% dos consumidores, a cor é responsável pelo reconhecimento da marca.

Há cores que evocam emoções e influenciam o comportamento de compra do cliente. Os especialistas observam como o vermelho forte do McDonald's é usado para estimular o apetite e criar urgência, enquanto o amarelo alegre cria positividade para a marca, o que se reflete no slogan "amo muito tudo isso". O logotipo verde da Starbucks convida os clientes a se desestressarem durante a tão necessária pausa para o café.

**Encante seus clientes** – Desenvolva um programa de ação emocional para criar um movimento ou uma comunidade em torno de sua marca. Sentimentos de camaradagem e pertencimento podem aprofundar a lealdade à marca.

O senso de comunidade também impulsiona a agregação em que membros de um grupo procuram manter a harmonia entre si. Para alcançar essa harmonia, as tribos sociais tendem a concordar umas com as outras. Portanto, se alguns membros preferem determinada marca, outros membros dessa tribo provavelmente também preferirão essa marca. Isso cria um bloqueio, reduzindo a probabilidade de mudança para outra marca.

**Tornando virais as ofertas** – Membros de grupos de consumidores adoram se apoiar, espalhando ofertas personalizadas por meio de mídias sociais e referências. É comum, por exemplo, enfermeiros, professores, socorristas, idosos, estudantes e publicitários compartilharem uma oferta personalizada com outras pessoas da mesma profissão ou fase de vida.

As marcas podem ativar ainda mais o marketing boca a boca e aumentar o conhecimento sobre a marca com depoimentos e vídeos.

# FIDELIZAÇÃO

**AS ESTRATÉGIAS DE MARKETING DE FIDELIZAÇÃO** são projetadas para construir e manter um relacionamento duradouro entre cliente e empresa. Ao entender as preferências e o comportamento de compra do consumidor, as empresas podem personalizar interações e ofertas para aumentar a satisfação e fidelização do cliente.

Um elemento central do marketing de fidelização é o uso de programas de recompensa, que incentivam compras repetidas ao recompensar os clientes pelo patrocínio contínuo. Esses programas geralmente incluem sistemas de pontos, descontos exclusivos, benefícios especiais e ofertas personalizadas. Além disso, a comunicação regular e significativa com os clientes, seja por meio de newsletters, seja por meio de mídias sociais ou atendimento ao cliente, contribui para manter a marca relevante e na mente do consumidor.

A fidelização de público está vinculada à qualidade do produto ou serviço disponibilizado e à jornada vivenciada pelo cliente com a empresa/marca. A consistência nessas áreas pode resultar em maior confiança e lealdade do consumidor. Ao cultivar a fidelidade, as empresas podem se beneficiar de custos de aquisição de clientes de baixo poder aquisitivo, visto que ter um cliente existente, em geral, custa menos que conquistar um novo. Os clientes confiáveis tendem a ser menos sensíveis aos preços e mais tolerantes a erros, oferecendo à empresa uma margem maior para operar e aprimorar-se. Uma consideração adicional é o feedback valioso que os clientes leais oferecem, pois têm experiência com a marca e podem apontar áreas de melhoria. Esse diálogo contínuo pode orientar a inovação e as melhorias de produto/serviço.

Quanto à ética, ao implementar táticas de marketing de fidelidade, é imperativo que as empresas façam isso de maneira transparente e responsável, evitando práticas que possam ser percebidas como manipuladoras ou invasivas da privacidade. Respeitar a privacidade dos dados do cliente, obtendo consentimento explícito para a utilização em estratégias de marketing, é fundamentado tanto em práticas éticas quanto em regulamentações como o GDPR na Europa. Benefícios mútuos dos relacionamentos a longo prazo entre cliente e empresa se tornam claros, reforçando a importância do marketing de fidelização dentro do CRM para o sucesso sustentável das empresas.

Esse tipo de cliente busca uma relação de mão dupla com a marca, oferecendo valiosas informações sobre seu comportamento. Esses insights ajudam a empresa a desenvolver novos produtos, serviços e ofertas. Mas como promover o marketing de relacionamento com clientes de maneira eficaz? Desvendaremos os segredos para implementá-lo em sua empresa, com a ajuda da tecnologia.

Aqui estão cinco dicas para fidelizar os clientes e torná-los verdadeiros fãs de sua marca. Afinal, fidelidade é uma via de mão dupla e, antes de conquistar um cliente fiel, é necessário mostrar que sua marca também é fiel a ele. Como? Estando sempre pronta para atender às suas necessidades.

FIDELIZAÇÃO 227

Então, depois de conquistá-lo pela primeira vez, o segredo é fazer com que ele volte sempre, reduzindo o custo de aquisição e aumentando o retorno ao longo do tempo. Mas como fazer isso? Veja os cinco passos essenciais que sua empresa deve seguir:

**1. Conheça seu cliente profundamente.**

Como atender às suas necessidades se não as conhecemos? Cada interação com o cliente é uma oportunidade de coletar informações valiosas que, quando transformadas em conhecimento, ajudam a tomar as melhores decisões. Por isso, o marketing de fidelização está diretamente ligado à tecnologia e a sistemas inteligentes de coleta e uso de dados, como o CRM e a automação de marketing.

**2. Permita que o cliente interaja com sua marca.**

A chave para a fidelização é melhorar as interações com o cliente. Com a migração do marketing para o ambiente digital, é fundamental oferecer um atendimento personalizado e ágil nas redes sociais, nas quais os consumidores querem conhecer melhor os produtos e serviços da marca e até mesmo fazer sugestões e críticas. Afinal, o novo consumidor deseja uma comunicação fácil e interativa.

**3. Aproveite as interações para coletar ainda mais informações.**

Rastreie as atividades do cliente em redes sociais, sites e blogs e conheça-o ainda melhor. Você pode até fazer pesquisas com plataformas específicas para criar personas e obter insights ainda mais valiosos.

**4. Surpreenda seus clientes fazendo exatamente o que eles querem.**

Com todas essas informações em mãos, é possível oferecer um atendimento personalizado e em tempo real, apresentando sugestões de compra com base em preferências. Essa estratégia surpreenderá positivamente o cliente, reforçando sua fidelidade à marca.

**5. Acompanhe a satisfação dos clientes por meio de pesquisas.**

Quanto mais informações, melhor!

Com pesquisas, é possível avaliar a satisfação dos clientes de modo ágil e acessível, mantendo as ações de marketing sempre alinhadas a suas expectativas. Com essas dicas, sua empresa estará pronta para conquistar a lealdade dos clientes e manter um relacionamento duradouro e lucrativo.

# A REAL IMPORTÂNCIA DA FIDELIZAÇÃO

Em um mundo empresarial cada vez mais competitivo, a fidelização de clientes não é apenas uma estratégia desejável, mas uma necessidade imperativa. A conquista de um novo cliente requer um investimento significativo de tempo e recursos, enquanto manter um cliente geralmente é mais econômico e lucrativo a longo prazo. A fidelização de clientes não se trata apenas de garantir que eles voltem mas também de transformá-los em defensores da marca, compartilhando experiências positivas com amigos e familiares.

# ESTRATÉGIAS PARA FIDELIZAÇÃO DE CLIENTES

- **Satisfação em primeiro lugar:** o primeiro passo para conquistar a fidelidade dos clientes é oferecer um atendimento excepcional. Seja ágil, atencioso e resolva os problemas dele de maneira eficaz.

- **Personalização que encanta:** cada cliente é único, e isso é um trunfo para fidelizá-los. Utilize dados e informações para personalizar interações, ofertas e recomendações, criando uma conexão especial.

- **Recompensa pela fidelidade:** programas de recompensa são uma maneira efetiva de incentivar os clientes a retornarem. Descontos, brindes e pontos para trocar por produtos ou serviços são algumas opções.

- **Comunicação constante:** mantenha-se em contato regular com os clientes por meio de newsletters, e-mails, redes sociais ou até mesmo ligações. Demonstre que valoriza o relacionamento e está sempre presente.

- **Garantia de satisfação:** reduza o risco percebido pelo cliente ao oferecer garantias de satisfação ou políticas de devolução flexíveis.

- **Busca pela excelência:** peça feedback aos clientes e utilize essas informações para aprimorar produtos, serviços e processos, buscando sempre a excelência em todas as áreas.

- **Surpreenda e encante:** surpreenda os clientes com gestos especiais, como brindes inesperados, descontos exclusivos ou simplesmente um agradecimento sincero. Isso criará uma ligação emocional duradoura.

- **Integridade e transparência:** mantenha uma comunicação transparente e honesta em todas as interações. A confiança é a base para construir relacionamentos sólidos.

- **Acompanhamento pós-venda:** não deixe de acompanhar os clientes após a compra para garantir a satisfação deles e resolver possíveis problemas. Isso demonstra cuidado e preocupação.

- **Fidelidade no DNA:** certifique-se de que todos os colaboradores entendam a importância da fidelização e estejam alinhados com a estratégia da empresa nesse sentido. Afinal, todos são responsáveis por encantar os clientes.

A fidelização de clientes não é uma tarefa simples, mas os benefícios são evidentes. Clientes fiéis não apenas compram mais como também se tornam embaixadores da marca, ajudando a atrair novos clientes por meio de referências e recomendações. Portanto, investir na satisfação e lealdade dos clientes é um investimento sólido no crescimento e no sucesso a longo prazo de qualquer empresa.

## Samsung: uma história de fidelização

Certa vez, Luiz Roberto Kallas estava no escritório quando recebeu a visita do presidente da Samsung, que esbravejava por ter notado a propaganda de sua marca apenas em 150 carrinhos de bagagem no aeroporto, e não nos 500 pelos quais havia pagado. "Vocês estão me enganando?", perguntou diretamente. Luiz Roberto Kallas se deu conta, naquele momento, que não tinha nenhum contrato com a Samsung. Após verificar no setor de contratos, foi encontrado somente um contrato com uma empresa que havia solicitado os 150 carrinhos. A questão é que a Samsung pagava para essa empresa, que atravessava o serviço por US$ 500. Luiz Roberto Kallas resolveu o problema da seguinte maneira: fechou um contrato no valor de US$ 300, que pagava pelos 500 carrinhos desejados pelo presidente e ainda lhe deu uma bonificação equivalente à diferença do valor pago a mais. Não é necessário dizer que, além de cliente, iniciou-se ali uma grande amizade.

A Samsung encomendou um magapainel na Avenida Paulista, pouco antes da praça Oswaldo Cruz. Um pouco mais à frente, o presidente da Samsung procurou Luiz Roberto Kallas para contar sobre um painel que estava comprando no Vale do Anhangabaú. Hei! Esse painel é meu, senhor presidente!

— Não é possível! Estou comprando esse espaço por R$ 18 mil por mês.

— Não se preocupe. Esse painel é meu e eu o venderei por R$ 13 mil por mês para o senhor.

O mais divertido de tudo foi ver o CEO da Samsung subir ao topo do edifício para verificar a visibilidade lá de cima.

# O SURPREENDENTE *CASE* DO EXPERIENCE CLUB

# ENTREVISTA COM RICARDO NATALE

Quando perguntado sobre sua experiência marcante com a Kallas, o cofundador e CEO do Experience Club, Ricardo Natale, logo menciona o primeiro encontro com Rodrigo Kallas. Em 2011, Ricardo organizou o evento Gourmet Experience, ocasião em que montou uma cozinha cenográfica no palco, tal qual um programa de televisão com bancada, cooktop, panelas e tudo mais. Convidou um chef de cozinha e, por meio de exibição simultânea, ele mostrava o prato, servido por garçons em seguida.

O prato principal estava em um menu, com receita detalhada que deveria ser reproduzida pelos casais. Os convidados deveriam, então, retornar às bancadas, comer os próprios pratos e beber vinho; esse era o sucesso do evento.

No evento de 2011 ocorrido em um deck do Hotel Fasano, um dos convidados foi o português José Avillez. Excepcionalmente, houve overbooking: para 350 lugares disponíveis, apareceram 450 convidados. Foi constrangedor e, por isso, Ricardo Natale foi ao palco pedir desculpas.

Em paralelo, ocorria uma verdadeira operação de guerra para disponibilizar as cadeiras faltantes. Ao visitar a mesa de Rodrigo Kallas, foi um alívio notar seu semblante simpático, receptivo e sorridente. Isso fez nascer um sentimento de amizade muito grande e, a partir daquele evento, a Kallas participou de todos os conseguintes, seja por meio de permuta, seja por meio de pagamento. A amizade foi estabelecida e nenhum outro grupo de mídia participou do evento, senão a Kallas.

Sobre o modo de trabalhar da Kallas, a imagem passada pela figura de Rodrigo é a de uma empresa que valoriza o cliente, sabe conquistá-lo e mostrar o grande caminho que é a mídia OOH. Ao pensar na Kallas como uma empresa brasileira que ousadamente disputa o mercado com players internacionais, é impossível não sentir um imenso orgulho.

Outra iniciativa surpreendente de Rodrigo Kallas ocorreu no Fórum de CEOs realizado pelo Experience Club, em 2017, no Tivoli da Praia do Forte, em Salvador. Seria exposto um painel na chegada ao aeroporto. Quando Ricardo Natale desembarcou com os convidados, houve uma grande surpresa: todo o aeroporto estava envelopado com a marca do fórum! No setor de bagagem, havia um grande painel de led e todos os portões estavam envelopados. Dessa maneira, Ricardo Natale teve a mesma visão impactante de seus convidados. A marca do fórum, que usava as cores bordô e dourado, ficou maravilhosa e impactante naquele dia.

# INSPIRANDO LEALDADE E CONFIANÇA

**CLASSIFICAÇÃO DOS COMPRADORES:** muitos consumidores afirmam não fazerem negócio com lugares cujo tratamento de dados não seja confiável. Mais de quatro em cada cinco consumidores dizem que farão negócios em outros lugares se não confiarem no tratamento de dados da empresa.

O marketing de identidade requer apenas as informações de identificação pessoal (PII) que as pessoas estão mais dispostas a informar: endereço de e-mail, nome completo e data de nascimento. O processo de aceitação contribui para que os clientes se sintam empoderados, porque os coloca no controle do compartilhamento de dados e isso facilita a lealdade à marca.

O marketing de identidade fortalece ainda mais a confiança do consumidor por meio da verificação de terceiros. Para uma oferta personalizada e fechada, quase três em cada cinco americanos preferem ser verificados por um terceiro independente que pelo representante de atendimento ao cliente da marca.

## LANÇAMENTO E SUPORTE AO RELACIONAMENTO DE LONGO PRAZO COM CLIENTES

Quando grupos de consumidores resgatam a oferta de sua empresa, eles expressam explicitamente interesse na marca e compartilham os dados necessários para as campanhas de criação em andamento. Você pode integrar a primeira oferta a outras promoções que incentivam a lealdade, como o acesso exclusivo a experiências e descontos vip. Quando a empresa cria uma estratégia de fidelização, está dando continuidade às conquistas do primeiro contato. Por exemplo, ao disponibilizar o Premmia, programa de acúmulo de pontos que podem ser trocados por ingressos em eventos culturais ou produtos, a Petrobras está lançando mão de um artifício que interferirá incisivamente no ato da compra, ou seja, o cliente vai procurar um posto Petrobras para abastecer o carro e ganhar pontos. Se esse cliente optar sempre pelo mesmo posto, terá a pontuação dobrada. Com a iniciativa, o proprietário do posto também se beneficia.

## Responsabilidade social: de mãos dadas com a política

*Depois de apresentados, Uebe Rezeck, prefeito de Barretos, e Luiz Roberto Kallas firmaram um acordo em que a prefeitura cederia uma área pública para a construção de quiosques a fim de formalizar a atividade dos ambulantes, que na ocasião eram numerosos. Os quiosques seriam doados em comodato para os ambulantes, que pagariam um carnê de ISS simbólico no valor de R$ 5, com o comprometimento de vender apenas produtos que ocupassem a área de publicidade daquele lugar da cidade.*

INSPIRANDO LEALDADE E CONFIANÇA

As marcas Brahma e Nestlé chegaram fortes ao espaço. Em contrapartida, a Kallas se comprometeu a montar atividades nos três lagos: o Lago de Ontem foi equipado com mesas de jogos e atividades cujo foco eram pessoas da terceira idade; o Lago de Hoje, com atividades para jovens. Decks foram instalados de modo que eles pudessem se sentar, conversar, se divertir. E o Lago do Amanhã tinha como público-alvo crianças, que após terem aula sobre trânsito com profissionais do departamento de trânsito iam brincar em carrinhos para vivenciar os conceitos aprendidos. Tudo isso patrocinado pela Fiat.

## Até que a política nos separe

Victor Sapienza foi um grande amigo de Luiz Roberto Kallas. Falecido vítima de covid-19, foi uma grande perda para o cenário político paulistano. Em certa ocasião, Sapienza apresentou Luiz Roberto Kallas ao superintendente regional de Vila Mariana, que tinha uma PPP e desejava fazer uma parceria para recuperar viadutos na Avenida 23 de Maio e em toda a Avenida Brasil. PPP é uma parceria público-privada, tipo de contrato que ganhou relevância sobretudo na década de 1990 ao tornar possível o financiamento de investimentos públicos. Como resultado dessa parceria, o primeiro viaduto foi negociado com a Chiclets Adams; o segundo, com a Toyota; já com a Mastercard, foi negociado todo o paisagismo da Avenida Brasil. O resultado foi estrondoso.

# A IMPORTÂNCIA DA COMUNICAÇÃO COMO FERRAMENTA DE MARKETING NAS EMPRESAS

**COM A CHEGADA DA INTERNET** e, atualmente, das redes sociais, que se tornaram um *boom* na sociedade brasileira, muitas empresas aderiram à comunicação digital, ou seja, passaram a utilizar recursos de imagem e texto para atrair mais adeptos para seus sites. Não se trata de uma característica exclusiva de empresas de grande porte: hoje todos podem facilmente ter um market place e fazer a divulgação pelos inúmeros meios disponíveis.

O diferencial comunicativo do marketing é o grau de surpresa e encantamento que ele pode causar. A comunicação efetiva, que impressiona e distingue seu produto ou serviço dos de seus concorrentes, tem de priorizar a fixação e a memorização.

Para alcançar esse objetivo, um truque altamente estudado e utilizado pela neurolinguística é a alteração do padrão. Por exemplo, se sua vitrine for composta apenas de cadeiras com formatos e cores similares, seu cérebro não vai memorizar nada específico, e o fato de serem cadeiras também não é um atrativo. Se uma delas apresentar um tamanho diferente, uma cor diferente ou objetos exóticos, este sim será o detalhe memorizado. É importante lembrar a máxima da comunicação eficiente: o receptor da mensagem deve compreender toda ou quase a totalidade da informação. Sair da rotina, do padrão, do comum auxilia o cérebro a dedicar mais atenção àquela aprendizagem.

## A EMPRESA E SEU REFLEXO NO MARKETING QUE PRATICA

Ao praticar a comunicação integrada, o marketing da empresa deve considerar as próprias crenças, missão e os próprios valores. É necessária uma boa dose de verdade para que tudo funcione. Caso haja alguma "inverdade", que fique bem claro o grau de risco que todos estão correndo.

Na empresa que pratica o marketing para outras empresas, como isso funciona? Como se comporta a agência ao planejar uma campanha para uma empresa cujo foco seja a venda de produtos que primem pelo preço, e não efetivamente pela qualidade? Ou em empresas campeãs de reclamações em sites como o Reclame Aqui?

Aceitar um cliente, às vezes, é algo que deve ser avaliado pela agência e, por que não, descartado.

## O COMPORTAMENTO DA EMPRESA É VISTO PELO MERCADO

Sua empresa é vista pelo mercado por meio das informações passadas de modo consciente e inconsciente. Isso quer dizer que seu posicionamento é frágil perante o mercado. Se por um lado o ambiente externo formado pelas variações mercadológicas, pela política, pela economia e qualquer episódio fora de seu controle pode ser ameaçador, por outro lado tudo que ocorre internamente pode ser uma alavancagem ou o prenúncio de falência da marca.

A epidemia de covid-19 é um ótimo exemplo de influência proveniente do mercado externo: milhares de empresas não "sobreviveram" ao vírus e fecharam as portas. Quem sobreviveu aprendeu a duras penas a se adaptar, a flexibilizar e a criar em tempos hostis.

Quando o assunto é ambiente interno, a referência é sempre a própria empresa. Então, por exemplo, se os colaboradores se uniram e aceitaram vencer o período de crise fazendo concessões e adaptações, o clima organizacional estava favorável e conciso. Essa é uma boa influência do ambiente interno.

Sucessões em empresas familiares costumam ser um momento nevrálgico na história da empresa e com resultados pouco satisfatórios. Quem nunca ouviu frases como "pai rico, filho pobre, neto nobre"? Porque é exatamente isso que ocorre na maioria das empresas. Os motivos são vários e o mercado sente essa transição de maneira contundente. Ao assumir a empresa, muitas vezes o sucessor não conhece o negócio e não tem experiência. O profissional de marketing, nesse caso, deve ser incisivo no sentido de pontuar e direcionar as ações de marketing de modo que a marca não perca o posicionamento, os clientes não percam a confiança e os serviços mantenham ou aprimorem a qualidade.

## Transição de sucesso em uma empresa familiar

*Todo filho, por mais que tente trilhar caminhos diferentes dos que seus pais trilharam, traz em si raízes que não se dissolvem com o tempo. Quando se tem um pai talentoso, criativo, inovador, ousado e, em última análise, desbravador, fica impossível não querer para si essas competências. É assim quando temos, por exemplo, artistas e vemos seus filhos seguindo os passos dos pais. Em uma empresa familiar, sobretudo com o perfil da Kallas, não foi diferente. Que grande sorte quando a genética favorece os herdeiros com talentos que sobrepujam qualquer circunstância. Se hoje a Kallas é uma empresa vitoriosa e distinta em seu ramo de negócio, é porque sua origem contou com um profissional muito à frente de seu tempo, ousado, entusiasmado e que acreditou no sucesso da empresa. Quando ocorre a transição, é necessário que haja continuidade e que a adequação aos novos tempos se faça, sem perder o sentimento original. É esse o segredo: continuar com a determinação e ousadia como se cada negócio fosse o primeiro.*

Toda empresa familiar passa por momentos críticos, permeados de rompimentos que, muitas vezes, podem causar prejuízos. Não foi o caso da Kallas. O período de coexistência pai-filho na Kallas foi relativamente longo. O filho mais velho de Luiz Roberto Kallas, Rodrigo Kallas, começou a trabalhar na empresa bem cedo.

Uma característica pessoal preponderante de Rodrigo desde a infância é seu forte senso de economia. Ainda que ele se interessasse por esporte – era tenista e começava uma carreira talentosa –,

A IMPORTÂNCIA DA COMUNICAÇÃO COMO FERRAMENTA DE MARKETING NAS EMPRESAS    249

sua habilidade com investimentos se sobressaía. Por isso, desde cedo, Luiz Roberto Kallas conversava com o filho sobre o assunto. Aos 17 anos, Rodrigo começou a trabalhar na Kallas, mas em manutenção, serviço oferecido por uma das empresas do grupo.

A Cromo Comunicações era a responsável pela manutenção dos painéis da Kallas em São Paulo. Por ter convivido com os saberes do pai a vida inteira e por, na época, estar cursando engenharia mecânica de produção, Rodrigo apresentou uma visão mais ampliada do negócio. Por isso, foi promovido a coordenador de manutenção.

Na ocasião, Luiz Roberto Kallas conheceu a Clear, empresa americana que produzia ótimos backlights, finos, em alumínio e supermodernos, com sistema abre e fecha inovador. Então, ele montou um show room desses produtos para revender no Brasil, mas a importação era extremamente morosa, com demora de quase seis meses para que os produtos chegassem ao Brasil. O processo ficou inviável.

A solução foi abrir a Clear do Brasil: empresa brasileira que confeccionava backlights com matéria-prima nacional, mas com desenho da Clear americana, à qual pagava royalties. Rodrigo, na ocasião com 19 anos, saiu da Cromo para trabalhar na Clear do Brasil.

Luiz Roberto Kallas tinha como um dos sócios Marco Antonio Pereira de Souza. Eles se conheceram quando Maps, como é carinhosamente chamado, era executivo da Souza Cruz e responsável pela empresa no Rio de Janeiro. Certa vez, em visita a São Paulo, ao observar o trabalho de Rodrigo achou que o rapaz deveria ir com ele para o Rio a fim de atuar na Codemp, empresa do grupo Kallas que gerenciava os aeroportos.

Rodrigo aceitou a ideia: trouxe para o Rio a Clear, que gerenciava a distância, e ao mesmo tempo mergulhava no negócio inicial da Kallas – mídia. Foi assim que ele descobriu sua vocação. Muito mais que uma herança de negócio, a mídia era uma herança de paixão.

## "OU CALA A BOCA E PARA DE ENCHER O SACO, OU SENTA NA CADEIRA E FAZ"

Rodrigo vendeu a participação na Clear do Brasil para o próprio sócio. Aos 26 anos, ele estava bem encaminhado no trabalho e havia feito o primeiro grande negócio com a venda. Certo dia, voltando para casa no Rio de Janeiro, ele presenciou um assassinato à queima-roupa! Estava parado no trânsito e o motorista do carro da frente foi morto sumariamente. Tomado pelo pavor, ele fez as malas e foi embora para São Paulo. Na bagagem, além dos itens pessoais, Rodrigo levava muita experiência, aprendizagens e a vocação para finanças.

A empresa do Rio era um sucesso e lucrativa. Quando ele chegou a São Paulo, o quadro era totalmente outro. O primeiro problema enfrentado na ocasião era de ordem familiar. O setor financeiro de São Paulo era gerenciado pela madrasta, que acolhia todas as solicitações de Luiz Roberto Kallas. Ele, por sua vez, alheio à situação financeira e com um espírito empreendedor fascinante, não media gastos. Foi quando houve uma intensa discussão entre Rodrigo e a madrasta, que resultou na seguinte frase do pai dele:

— Ou você cala a boca e para de encher o saco, ou você senta na cadeira e faz melhor...

Ele aceitou o desafio.

# HÁ MALES QUE VÊM PARA O BEM

*Quando assumiu a Kallas, Rodrigo encontrou um quadro atribulado. Luiz Roberto Kallas havia sido roubado por um dos sócios em uma das empresas, o que demandou muito dinheiro. Além disso, investia o dinheiro proveniente do Rio de Janeiro na praça de Porto Alegre, na qual estava entrando. A transição ocorreu entre os meses de outubro e novembro de 2002, e até janeiro Rodrigo ocupou-se de conhecer a área financeira da empresa.*

*O ano de 2003 começou com uma equipe nova, disposta a transformar a Kallas. Uma dívida enorme, colaboradores com salários atrasados e muito problema a enfrentar. Rodrigo iniciou um período de negociações agressivas e atividades motivacionais para que a equipe se engajasse em suas ideias, como a reorganização global das atividades.*

*Ele recebeu a empresa com um faturamento de 20 milhões e traçou como meta para 2003 o audacioso valor de 25 milhões. Os anos seguintes foram marcados por crescimento e sucesso. Em 2007, a Kallas já não tinha mais dívidas e o faturamento foi o dobro daquele recebido em 2002.*

*Discussões acontecem, distúrbios servem apenas quando saimos melhores deles. Hoje, Rodrigo Kallas entende que somente foi possível chegar até aqui porque reconhece em si grandes competências de seu pai. Aprendidas pela visão do filho que sempre viu em seu pai um profissional inspirador ou adquiridas por meio da genética, o fato é que o sobrenome Kallas confere um perfil diferenciado a quem o possui.*

## ENTREVISTA COM SUZANA RIBEIRO

Suzana conheceu Luiz Roberto Kallas em 1973. Ela trabalhou com ele na antiga Delfim e depois o acompanhou na Duty Free, na época do desenvolvimento dos projetos de painéis nos aeroportos para anunciar os produtos dessa loja. Desde então, Suzana trabalha na Kallas.

Uma situação muito interessante ocorreu quando o Itaú contratou a Kallas para fazer painéis no aeroporto Santos Dumont durante o Rock in Rio. Eles queriam uma área já utilizada anteriormente, mas o superintendente do aeroporto informou que ela já havia sido negociada com um concorrente da Kallas.

Suzana ficou desesperada e, ao visitar o local, notou a existência de uma divisória de vidro entre o embarque e o desembarque, então a negociou com o Itaú e foi nela que o banco divulgou sua mídia. Tudo ficou absolutamente deslumbrante e isso deixou o cliente muito satisfeito. Aliás, vale ressaltar, muito mais satisfeito do que estaria com o espaço que haviam solicitado.

# MARKETING
## DIGITAL

**HÁ NO MEIO ACADÊMICO** uma corrente de peso defensora da tese de que o marketing digital nunca existiu, mas, sim, ganhou esse nome por adaptação. Na verdade, trata-se de uma estratégia que envolve as práticas tradicionais de marketing adaptadas ao ambiente digital. Não existe uma fórmula infalível para "fazer" marketing digital, tudo é uma questão de estudo e adaptação.

Mas o que é marketing digital?

Marketing digital é o conjunto de táticas mercadológicas adaptadas para plataformas digitais, utilizado por negócios ou pessoas para alcançar objetivos em marketing. As pessoas têm estruturado suas vidas no meio digital e as relações ali estabelecidas são, muitas vezes, prioridade.

Uma pesquisa feita pela plataforma Cupom Válido em 2021, com dados da Hootsuite e da We Are Social, mostrou que o brasileiro passa, em média, 3 horas e 42 minutos por dia em redes sociais. Já de modo global, 4,2 bilhões de pessoas utilizam redes sociais, o que representa 53,6% da população mundial. Nessa pesquisa, o Brasil ficou em terceiro lugar, atrás apenas de filipinos e colombianos.

Para o anunciante, um público que está focado na tela do celular e, consequentemente, concentrado e atento é a melhor opção. Por outro lado, um painel posicionado no caminho, com oferta de variedade, criatividade, qualidade, tecnologia e, em última análise, distração, causa um impacto incrível.

O marketing digital é diferente, apesar de o nome ser parecido. Para ser executado, exige estudo de estratégias, ferramentas de atração, estudo de mercado, relacionamento, vendas online e muito mais.

Esse tipo de marketing está em constante evolução. Todo dia uma ferramenta nova é lançada no mercado, de modo que o *approach* é cada vez mais refinado para alcançar o cliente, levando em conta o perfil que se deseja atingir. No final, o anunciante tem em mãos uma pesquisa de alcance detalhada, com a quantidade de pessoas que tiveram acesso àquela informação.

Isso é possível porque são utilizadas táticas implementadas por meio de canais como o Search Engine Optimization (SEO), conjunto de técnicas que visa impulsionar sites ou conteúdos em mecanismos de busca, como o gigante Google. Com o objetivo de conquistar clientes, fortalecer a marca e conectar-se com o público, o SEO atua como um motor de otimização de busca, tornando certos sites mais relevantes e acessados que outros. A escrita e a posição dos elementos, como imagens, títulos e textos, são fundamentais para estar em sintonia com o que as pessoas estão buscando na plataforma de buscas. Em resumo, o SEO é o segredo para se destacar em meio a um mar de informações e garantir um lugar privilegiado nas primeiras páginas de resultados.

Então, antes de "construir" as páginas, devem ser feitas pesquisas para identificar as palavras mais usadas, os textos mais fáceis de ler, onde posicionar os botões e qual tamanho eles devem ter para auxiliar no ranqueamento e, assim, melhorar a apresentação em relação às páginas concorrentes.

## MARKETING DIGITAL TRAZ BONS RESULTADOS?

É possível aumentar os lucros de um negócio com uma boa estratégia de marketing digital, mas o dinheiro não deve ser o único fim. É necessário considerar que existem outros impactos provenientes da implantação e prática desse tipo de marketing.

O alcance do marketing digital é bem maior que o do convencional sem que a empresa faça altos investimentos. O primeiro impacto é a conquista de um cliente-alvo por meio da segmentação, já que o marketing digital atua de acordo com idade, sexo, profissão, interesse e outras características do público que se deseja atingir.

A grande maioria dos clientes já se habituou a pesquisar o produto antes de comprar. E onde eles pesquisam? Na internet, no meio digital! No digital, o cliente tem certo domínio sobre uma informação. A empresa que investe em marketing digital e já sabe segmentar esse cliente consegue ter melhores resultados, com um alcance bem maior.

Outro impacto diz respeito aos resultados, que podem ser mensurados rapidamente. Então, é possível não só mensurar e segmentar o cliente de maneira bem fácil mas também obter retorno instantâneo dos resultados ou modificar a mídia de acordo com as adaptações necessárias ao longo da campanha. Por exemplo, se as vendas aumentaram, você captou público-alvo, ou seja, administrou os contatos qualificados previamente e, assim, conseguiu aumentar e transmitir a marca de maneira bem eficiente e ainda posicionou o produto/serviço em relação ao mercado. Se, por acaso, no decorrer da exposição de um banner em uma rede social, for percebida a falta de uma informação, esta pode ser inserida sem altos investimentos. A flexibilidade e a praticidade são muito sedutoras para o marketing.

Outra vantagem considerável é que o marketing digital está disponível 24 horas com uma campanha ativa, ou seja, a informação está sempre disponível em redes sociais ou sites. É possível acompanhar ao vivo as pesquisas do cliente e, assim, interagir com ele. Essa relação é contínua. Além dessas várias maneiras de interagir e captar o cliente para a empresa, no marketing digital tudo ocorre praticamente ao mesmo tempo, com agilidade, interatividade e rapidez.

Não se trata apenas de fazer postagens nas redes sociais. Postar é somente uma etapa entre muitas do marketing digital, que também abrange SEO, produção de conteúdo, social media e muito mais.

A popularização da internet e a consequente ascensão das mídias sociais revolucionaram a maneira como empresas e consumidores interagem. Isso resultou em mudanças significativas nos esforços de marketing das organizações, que agora precisam se adaptar a um cenário em constante evolução, em que a presença digital é necessária. Surge, então, a real importância do marketing digital.

A demanda por profissionais especializados em marketing digital vai além do conhecimento técnico sobre ferramentas e plataformas; requer também competências analíticas para entender dados e análises, criatividade para elaborar campanhas envolventes e a capacidade de se manter atualizado frente às rápidas mudanças tecnológicas e de comportamento do consumidor. Além disso, uma compreensão multidisciplinar que integra conhecimento em comunicação, psicologia do consumidor e negócios é frequentemente valorizada nesse ambiente sonoro.

No que diz respeito à formação na área, as opções são diversas. Os cursos de graduação em Comunicação Social, Marketing e Publicidade e Propaganda oferecem uma base sólida, podendo ser complementados por especializações ou cursos de curta duração específicos em marketing digital. Muitos profissionais também optam pelo aprendizado autodidata, considerando uma vasta quantidade de recursos disponíveis online. Isso inclui webinars, cursos online, certificações de plataformas específicas e conteúdos produzidos por especialistas no tema.

O crescimento do marketing digital gera oportunidades, mas também estabelece desafios, como a necessidade de destaque em um campo competitivo e a pressão para entrega de resultados mensuráveis. Há, ainda, a questão ética de como dados pessoais são coletados e utilizados em campanhas de marketing. Essas considerações devem ser ponderadas por aqueles que aspiram ingressar na carreira. Diante do atual cenário e tendências de mercado, o profissional de marketing digital pode esperar um campo de trabalho vasto, mas que exige constante atualização e adaptação.

## O QUE É CONTEÚDO DIGITAL?

O marketing digital é a aplicação dos conceitos fundamentais de comunicação aos meios digitais. Exige uma tríade de conhecimentos: conhecimento do produto/serviço, do público e da mídia que se pretende utilizar. Ao conhecer o produto/serviço que se pretende divulgar e o segmento que se pretende atingir, é mais fácil desenvolver conteúdo digital.

Conteúdo digital é o texto e a forma como este é apresentado ao cliente. A adequação da forma e do tamanho do texto deve ser apropriada para o cliente que receberá a informação, e ele deverá percebê-la como algo customizado, feito para ele.

A mídia selecionada também influirá no conteúdo e deve ser escolhida sempre conforme o perfil do público.

## IMPULSIONE AS VENDAS COM PRODUTOS DIGITAIS

Alavanque as vendas de maneira direta e eficiente pelo universo digital. Hoje em dia, é possível vender produtos e serviços com rapidez e praticidade, bastando apenas anunciar em uma página da internet e disponibilizar o botão de compra para os potenciais clientes.

Existem também diversas opções para comercializar produtos digitais, como assinaturas de serviços, revistas, softwares e até mesmo parcerias com terceiros, como lojas virtuais e afiliados. Use ainda outras possibilidades de monetização, como publicidade em blogs, vídeos, podcasts e outros formatos de conteúdo.

Por meio do marketing de conteúdo, você pode expandir o alcance de seu negócio de maneira orgânica e gerar valor para seu público, estabelecendo um relacionamento de confiança com a marca. A produção de conteúdo digital é altamente mensurável e integrável com outras estratégias de marketing, permitindo uma otimização constante e resultados mais expressivos com menor investimento. Invista na produção de conteúdo digital para impulsionar seus resultados e fortalecer sua presença no mercado.

## MARKETING DE INFLUÊNCIA: GERANDO VENDAS COM INFLUENCIADORES DIGITAIS

Marketing de influência é o conjunto de ações e estratégias usado por um interlocutor, profissional ou não, mas com poder de convencimento ou liderança, a fim de exercer influência sobre um público-alvo em favor de uma marca.

Os influenciadores estão cada vez mais presentes na vida de empresas e consumidores. Isso vale tanto para mercados de vendas em larga escala quanto para negociações mais complexas. Por isso, vale entender como eles podem se encaixar em sua estratégia de marketing digital.

## MARKETING DE INFLUÊNCIA É RECOMENDADO PARA MINHA EMPRESA?

Na maioria dos casos, a resposta é positiva. Esse tipo de marketing pode ser indicado para uma gama muito grande de negócios, mas deve ser usado com uma estratégia coerente e bem alinhada com a marca e o perfil dos consumidores. A seleção adequada de influenciadores é crucial para o sucesso desse tipo de campanha de marketing. É necessário escolher influenciadores que se alinhem com os valores da empresa e possam transmitir uma mensagem de maneira natural e confiável para o público. A compatibilidade entre influenciador e marca favorece uma divulgação mais eficaz e uma recepção mais positiva da mensagem por parte do público-alvo.

Uma análise demográfica e comportamental do público do influenciador é essencial para garantir que a colaboração possa alcançar os consumidores potenciais do produto ou serviço em questão. Ter em mente a localização geográfica dos seguidores do influenciador também é fundamental para evitar desencontros entre a oferta e a demanda gerada pela campanha.

Ao trabalhar com influenciadores, é importante permitir que eles injetem sua criatividade e inovação na campanha. Equilibrar o controle da marca com a liberdade criativa do influenciador pode ser desafiador, mas é essencial para o sucesso da campanha no ambiente do marketing de influência.

Ao mesmo tempo, a combinação de canais de marketing, envolvendo tanto a presença online da marca quanto a dos influenciadores, pode maximizar o alcance e o impacto. Campanhas transmídias podem resultar em maior consolidação da mensagem da marca e maior engajamento.

As empresas devem também analisar cuidadosamente o custo-benefício da escolha entre micro e macroinfluenciadores, considerando o perfil de seu produto ou serviço, o orçamento disponível e os resultados esperados. Enquanto os macroinfluenciadores tendem a oferecer grande alcance, os microinfluenciadores muitas vezes trazem maior engajamento e contrapartida em nichos específicos do mercado, o que pode ser mais valioso para determinadas estratégias de negócios.

Para resumir, o marketing de influência é adequado para muitos negócios, mas exigirá uma estratégia personalizada com base em um entendimento profundo de quem são os seguidores dos influenciadores, o que eles valorizam e como eles interagem com os influenciadores que seguem. Uma colaboração bem-sucedida depende da escolha acertada de parceiros de influência e do respeito às dinâmicas de cada plataforma utilizada, o que inclui dar espaço à criatividade na comunicação.

## COMO MEDIR O RETORNO DO MARKETING DE INFLUÊNCIA?

Estamos discutindo a importância de análises diversas para entender o reconhecimento e a consideração de uma marca. Essas métricas vão além de indicadores primários de desempenho, como vendas ou lucro, e buscam entender o comportamento e a percepção dos consumidores em relação a uma marca.

No caso do engajamento, essa métrica é crucial porque indica não só que as pessoas estão vendendo o conteúdo da marca mas também que estão interagindo com ela de maneira significativa. Isso pode incluir curtidas, comentários, compartilhamentos e permanência em vídeos, por exemplo. Um alto nível de engajamento sugere que a marca está criando conteúdo que ressoa pelo público, o que pode fortalecer o relacionamento entre consumidor e marca.

O aumento de seguidores pode ser considerado um indicador da capacidade de atração de uma marca, refletindo o potencial de crescimento da base de consumidores e o interesse crescente pelo que ela tem a oferecer. Cliques para o site e novas visitas são indicadores diretos do interesse pela marca e por seus produtos, possivelmente resultando em especificações ou reconhecimento.

Quando os usuários salvam conteúdo da marca no Instagram, isso pode indicar que veem valor a longo prazo na informação ou no produto, demonstrando também um engajamento maior. O aumento de buscas no Google é um sinal de que a maioria das pessoas está pesquisando sobre a marca, o que pode ser resultado de campanhas efetivas, publicidade boca a boca ou eventos recentes que a colocaram em pauta. O retargeting é uma técnica de marketing online que possibilita resgatar usuários antes interessados na marca, contribuindo para mantê-la top of mind e aumentar as chances de conversão.

Cada uma dessas análises pode ser um instrumento para um estudo detalhado do comportamento do cliente e da eficácia das estratégias de marketing, pois elas oferecem insights sobre como melhorar a presença da marca e otimizar interações futuras para fomentar não apenas o reconhecimento mas também a atenção e a fidelização.

Quando se trata de conversão, é essencial monitorar as métricas que demonstram a efetividade da campanha, como leads gerados, conversões no site, cupons utilizados, conversões na loja física e downloads no aplicativo. Um relatório completo deve combinar todos esses dados com uma análise subjetiva dos resultados. Não se esqueça de incluir prints dos posts criados, comentários relevantes e o sentimento dos seguidores, além da análise do envolvimento do influenciador na campanha.

Lembre-se de que o sucesso de uma campanha de marketing de influência não depende apenas do influenciador, mas, sim, de uma estratégia bem elaborada. Por isso, confira algumas dicas importantes para garantir o sucesso da campanha:

1. **Escolha influenciadores com o público certo:** preste atenção na audiência e confie em seu instinto ao selecionar os influenciadores.

2. **Aposte nas redes sociais certas:** escolha influenciadores que estejam presentes nas mesmas redes de sua empresa.

3. **Ofereça conteúdo complementar:** não dependa apenas do influenciador; ofereça conteúdos relevantes nas redes sociais para manter o interesse dos consumidores.

4. **Confie na autenticidade do influenciador:** grandes personalidades podem gerar alcance, mas líderes digitais têm maior confiabilidade entre os seguidores.

5. **Priorize a conexão:** certifique-se de que a campanha gere empatia entre o influenciador e os seguidores, evitando promessas falsas e textos jurídicos.

# CONSIDERAÇÕES FINAIS

Já estamos batendo papo sobre marketing há um bom tempo, mas está na hora de deixar a teoria de lado e exercitar tudo o que aprendemos. Foram momentos de reciclagem, de recordações e, por que não, de mudanças! Não se surpreenda se sentir um gostinho de quero mais... Ao rever nossos limites e falar sobre nosso comportamento, desejaremos que esses momentos sejam eternos por gostarmos de crescer, de obter maiores espaços, de ser melhor a cada minuto.

É importante que ainda existam dúvidas, e bastante ousadia. Que ao adquirir esses conhecimentos, você tenha aumentado o contato com o mundo e descoberto o quanto ainda há para aprender. Se encerrar sua curiosidade neste livro, você demonstrará que de nada adiantou nosso bate-papo! É necessário buscar mais e mais! Quem sabe nos reencontramos à frente? Quando você tiver de criar algo ou desenvolver uma campanha, lembre-se desta obra e saiba que apenas uma mente privilegiada como a sua será capaz de vencer o desafio.

Comece agora!

# REFERÊNCIAS

Armstrong, G.; Kotler, P. *Marketing: an introduction*. 13. ed. Londres: Pearson, 2020.

Castello, José. *Pelé: os dez corações do rei*. Rio de Janeiro: Ediouro, 2004.

Chernev, A. *Strategic marketing management*. 9. ed. Cerebellum Press, 2018.

Cobra, Marcos. *Marketing básico: uma perspectiva brasileira*. São Paulo: Atlas Editora, 1997.

Duailibi, Roberto; Simonsen Jr., Harry. *Criatividade e marketing*. São Paulo: McGraw Hill, 1990.

Kotler, P.; Keller, K. L. *Marketing management*. 15. ed. Londres: Pearson, 2015.

Mazzon, José Afonso. *Comportamento do consumidor: estratégias e táticas aplicadas ao marketing*. São Paulo: Atlas Editora, 2011.

Ries, A.; Trout, J. *Positioning: the battle for your mind*. São Paulo: McGraw Hill, 2001.

Ryan, D. *Understanding digital marketing: marketing strategies for engaging the digital generation*. 4. ed. Londres: Kogan Page, 2016.

Schiffman, L. G.; Wisenblit, J. *Consumer behavior*. 11. ed. Londres: Pearson, 2014.

Sharp, B. *How brands grow: what marketers don't know*. Oxford: Oxford University Press, 2010.

Solomon, Michael R.; Bamossy, Gary J.; Askegaard, Soren; Hogg, Margaret K. *Comportamento do consumidor: comprando, possuindo e sendo*. Adaptação para o Brasil por José Afonso Mazzon. São Paulo: Pearson Prentice Hall, 2006.

Tondolo, Vilmar; Bitencourt, Cláudia. *Comportamento do consumidor em ambientes digitais*. Porto Alegre: Bookman Editora, 2013.

Torres, Cláudio. *A bíblia do marketing digital*. São Paulo: Novatec Editora, 2009.

Teixeira, Elson. *Aprendizagem & Criatividade emocional*. São Paulo: Makron Books do Brasil, 1998.

Teixeira, Elson. *Criatividade: ousadia & competência*. São Paulo: Makron Books do Brasil, 2002.

Teixeira, Elson. *Liderança: arte de conquistar resultados*. São Paulo: Makron Books do Brasil, 2020.

Vargo, Stephen L.; Lusch, Robert F. *Evolução do marketing: do foco no produto para o foco no serviço*. MADM – Revista Master em Administração da Unimed, 2004.

## SITES E PORTAIS

AdAge (https://adage.com/)

Content Marketing Institute (https://contentmarketinginstitute.com/)

HubSpot Blog (https://blog.hubspot.com/)

MarketingProfs (https://www.marketingprofs.com/)

Moz Blog (https://moz.com/blog)

Rockcontent (https://www.rockcontent.com.br/)

A Editora Senac Rio publica livros nas áreas de Beleza
e Estética, Ciências Humanas, Comunicação e Artes,
Desenvolvimento Social, Design e Arquitetura, Educação,
Gastronomia e Enologia, Gestão e Negócios, Informática,
Meio Ambiente, Moda, Saúde, Turismo e Hotelaria.

Visite o site www.rj.senac.br/editora,
escolha os títulos de sua preferência e boa leitura.

Fique atento aos nossos próximos lançamentos!
À venda nas melhores livrarias do país.

Editora Senac Rio
Tel.: (21) 2018-9020 Ramal: 8516 (Comercial)
comercial.editora@rj.senac.br

Fale conosco: faleconosco@rj.senac.br

Este livro foi composto nas tipografias
Acumin Variable Concept e Caecilia LT Pro,
e impresso pela Imos Gráfica e Editora Ltda.,
em papel *couchè matte* 115 g/m², para a
Editora Senac Rio, em junho de 2024.